新时代中国乡村振兴战略丛书　主编　顾保国　崔友平

国家出版基金项目
NATIONAL PUBLICATION FOUNDATION

人才振兴

构建满足乡村振兴需要的人才体系

辛宝英　安　娜　庞嘉萍◎编著

中原农民出版社
·郑州·

图书在版编目（CIP）数据

人才振兴：构建满足乡村振兴需要的人才体系 / 辛宝英，安娜，庞嘉萍编著 . — 郑州：中原农民出版社，2019.10（2020.11 重印）
（新时代中国乡村振兴战略丛书 / 顾保国，崔友平主编）
ISBN 978-7-5542-2108-2

Ⅰ. ①人… Ⅱ. ①辛… ②安… ③庞… Ⅲ. ①农村—社会主义建设—人才培养—研究—中国 Ⅳ. ① F320.3

中国版本图书馆 CIP 数据核字（2020）第 230582 号

人才振兴：构建满足乡村振兴需要的人才体系

总 策 划　刘宏伟　朱文平
策划编辑　朱相师　丁　璞
责任编辑　刘宏伟
责任校对　张晓冰
装帧设计　薛　莲　张　敏　柳淑燕

出　　版　中原农民出版社
发　　行　北京华景时代文化传媒有限公司
地　　址　郑州市郑东新区祥盛街27号　　邮　编　450016
发行单位　全国新华书店　　电　话　0371—65788655
承印单位　河南省邮电印刷厂

开　　本　690mm × 980mm　1/16
印　　张　16
字　　数　180千字
版　　次　2019年10月第1版　　印　次　2020年11月第2次印刷

书　　号　ISBN 978-7-5542-2108-2　　定　价　48.00元

总　序

实现中华民族伟大复兴的题中应有之义

党的十九大提出实施乡村振兴战略，是以习近平同志为核心的党中央着眼党和国家事业全局，深刻把握现代化建设规律和城乡关系变化特征，顺应亿万农民对美好生活的向往，对“三农”工作作出的重大决策部署，是决胜全面建成小康社会、全面建设社会主义现代化强国的重大历史任务，是新时代做好“三农”工作的总抓手。

习近平总书记在十九届中央政治局第八次集体学习时强调指出：乡村振兴战略是党的十九大提出的一项重大战略，是关系全面建设社会主义现代化国家的全局性、历史性任务，是新时代“三农”工作总抓手。农业农村现代化是实施乡村振兴战略的总目标，坚持农业农村优先发展是总方针，产业兴旺、生态宜居、乡风文明、治理有效、生活富裕是总要求，建立健全城乡融合发展体制机制和政策体系是制度保障。这从全面建设社会主义现代化强国的高度指出了实施乡村振兴战略的重要意义和科学内涵，明确了推进农业农村现代化的思路、方向和着力点，为我们牢牢把握农业农村现代化这个总目标、准确理解农业农村现代化的时代要求提供了根本遵循和行动指南。同时，按照全面建成小康社会和“两个一百年”奋斗目标的战略规划，中共中央、国务院印发了《乡村振兴战略规划（2018—2022年）》，对乡村振兴战略的实施给予具体指导。乡村振兴战略要求高、时间紧、任务重，迫切需要地方各级党委和政府以时不我待、只争朝夕的精神，以真抓实干、力求实效的作风，推动乡村振兴战略取得切实有效进展。

在推进乡村振兴战略中，发挥省市县乡村五级书记以及乡村振兴其他管理干部的作用尤为关键，他们迫切需要对乡村振兴战略的重大理论和实践问题进行全面学习。为此，我们专门组织编写了“新时代中国乡村振兴战略丛书”，以问题为导向，深层次、全方位地阐发乡村振兴战略的实施原则、实施模式、实现路径，希望为省市县乡村管理干部提供政策分析、管理方法、实施方案等内容，推动各级管理干部能够以更坚定的自信、更丰富的知识、更饱满的精神、更踏实的作风、更有效的举措，扎扎实实在乡村振兴战略中作出新的更大贡献。

“新时代中国乡村振兴战略丛书”涵盖了与乡村振兴相关的产业振兴、人才振兴、文化振兴、生态振兴、组织振兴，同时又涵盖了具体实施举措中的七方面内在要求，包括重塑城乡关系、巩固和完善农村基本经营制度、深化农业供给侧结构性改革、坚持人与自然和谐共生、传承发展提升农耕文明、创新乡村治理体系、打好精准脱贫攻坚战。本套丛书共12册，主要内容有：

一、《产业振兴：绿色安全、优质高效的乡村产业体系建设》

产业振兴是乡村振兴的物质基础。产业兴，则经济兴、农村兴。本书分析指出，乡村产业振兴，就是要形成绿色安全、优质高效的乡村产业体系，为农民持续增收提供坚实的产业支撑；要坚守耕地红线，严格划定和永久保护基本农田，建立完善农业生态补偿制度，始终绷紧国家粮食安全这根弦；要实施质量兴农、绿色兴农、品牌兴农战略，大力发展现代高效绿色农业，加快转变农业生产方式，提高农业供给体系的质量和效益，全面推进农业农村现代化；要充分挖掘和拓展农业的多维功能，促进农业产业链条延伸以及农业与工业、现代物流、文化创意、旅游观光、电商的深度融合，推动农村一二三产业融合发展。

二、《人才振兴：构建满足乡村振兴需要的人才体系》

人才振兴是乡村振兴的关键因素。实现乡村全面振兴，人是最关键、最活跃、起决定性作用的因素。乡村人才振兴的关键，就是要让更多人才愿意来、留得住、干得好、能出彩。本书分析指出，要创造有利于各类人才成长和发挥作用的良好环境，要有一个良好的制度安排，把现有农村各类人才稳定好、利用好，充分发挥现有人才的作用；要积极创造条件，鼓励城市企业家、高校毕业生和各类人才到乡村创新创业，大力支持“城归”群体和外出农民工回乡创业就业；整合社会力量开展农村人才培养，切实做好农村干部、农民企业家、新型农业经营主体和农民的培训工作。

三、《文化振兴：夯实乡村振兴的精神基础》

文化振兴是乡村振兴的精神基础。如果文化衰败，不文明乱象滋生，乡村就难以获得持续繁荣。本书分析指出，促进乡村全面振兴，必须坚持物质文明和精神文明一起抓，以社会主义核心价值观为引领，加强村风民俗和乡村道德建设，倡导科学文明健康的生活方式，传承发展农村优秀传统文化，健全农村公共文化服务体系，培育文明乡风、良好家风、淳朴民风，促进农耕文明与现代文明有机结合，实现乡村文化振兴。同时，还强调要保护好传统村落、民族村寨、传统建筑，用心留住文化记忆，将乡村文化融入乡村规划、景观设计和村庄建设之中，充分体现村庄特色和乡土风情。

四、《生态振兴：建设新时代的美丽乡村》

生态振兴是乡村振兴的重要支撑。本书分析指出，乡村生态振兴，要实现农业农村绿色发展，打造山清水秀的田园风光，建设生态宜居的人居环境；要全面改善农村人居环境，建设功能完备、服务配套、美丽宜居的新乡村；要加强农村生态建设和环境综合治理，尤其要加大农村面源污染、垃圾污水治理力度，推进农村“厕所革命”；要实施化肥、农药使用减量行动计划，采取总量控制与强度控制相结合的办法，推动化肥、农药等使用总量和强度实现持续快速下降。

五、《组织振兴：构建新时代乡村治理体系》

组织振兴是乡村振兴的保障条件。乡村组织振兴，就是要培养造就一批坚强的农村基层党组织和优秀的农村基层党组织书记，建立更加有效、充满活力的乡村治理新机制。本书分析指出，要着力加强党在基层的领导力量，打造千千万万个坚强的农村基层党组织，培养千千万万名优秀的农村基层党组织书记；要建立符合中国国情、更加完善有效、多元共治的新型乡村治理体系；要进一步深化村民自治实践，强化信息公开和村民参与，全面推进基层民主治理和依法治理，促进治理方式和手段多元化，因地制宜探索各具特色的治理模式；要将自治、法治与德治相结合，走乡村善治之路，确保乡村社会充满活力、安定有序。

六、《城乡融合发展之路：重塑城乡关系》

重塑城乡关系，必须走城乡融合发展之路。本书分析指出，要把公共基础设施建设的重点放在农村，逐步建立健全全民覆盖、普惠共享、城乡一体的基本公共服务体系；要坚决破除体制机制弊端，疏通资本、智力、技术、管理下乡渠道，加快形成工农互促、城乡互补、全面融合、共同繁荣的新型工农城乡关系。

七、《共同富裕之路：巩固和完善农村基本经营制度》

实施乡村振兴战略，必须巩固和完善农村基本经营制度，走共同富裕之路。本书分析指出，要坚持农村土地集体所有，坚持家庭经营基础性地位，落实农村土地承包关系稳定并长久不变政策，衔接落实好第二轮土地承包到期后再延长30年的政策，让农民吃上长效“定心丸”。巩固的内容主要有两点，一是农村土地集体所有，二是家庭承包经营，这两点是不变的，党的十九大也已经确定了承包地延包30年。但是随着现代农业的快速发展，农村的基本经营制度也需要完善，规模农业、土地托管也成为一种趋势。因此，出现了土地所有权、承包权、经营权“三权”分置的情况，让农村的土地经营权可以流转、抵押、贷款等，未来的政策会进一步释放农村土地的活力。

八、《质量兴农之路：深化农业供给侧结构性改革》

实施乡村振兴战略，必须深化农业供给侧结构性改革，走质量兴农之路。本书分析指出，要顺应农业发展主要矛盾变化，深入推进农业供给侧结构性改革，加快推进农业由增产导向转向提质导向，加快实现由农业大国向农业强国转变；要推进农村一二三产业融合发展，让农村新产业新业态成为农民增收新亮点、城镇居民休憩新去处、农耕文明传承新载体。

九、《乡村绿色发展之路：坚持人与自然和谐共生》

实施乡村振兴战略，必须坚持人与自然和谐共生，走乡村绿色发展之路。本书分析指出，要以绿色发展引领生态振兴，处理好经济发展和生态环境保护的关系，守住生态红线；要统筹山水林田湖草系统治理，加强农村突出环境问题综合治理，建立市场化多元化生态补偿机制，增加农业生态产品和服务供给。

十、《乡村文化兴盛之路：传承发展提升农耕文明》

实施乡村振兴战略，要传承发展提升农耕文明，走乡村文化兴盛之路。本书分析指出，要深入挖掘、继承、创新优秀传统乡土文化，把保护传承和开发利用有机结合起来，让优秀农耕文明在新时代展现其魅力和风采。在乡村的环境上，要加大整治力度，打造宜居宜人的农村生活环境。在一二三产业融合上，利用农村特有的优势，打造生态产业，打造集循环农业、创意农业、农事体验于一体的田园综合体，打造乡村休闲旅游产业等。

十一、《乡村善治之路：创新乡村治理体系》

实施乡村振兴战略，要创新乡村治理体系，走乡村善治之路。本书分析指出，要建立健全党委领导、政府负责、社会协同、公众参与、法治保障、科技支撑的现代乡村社会治理体制，健全党组织领导的自治、法治、德治相结合的乡村治理体系；要造就一支懂农业、爱农村、爱农民的“三农”工作队伍。

十二、《中国特色减贫之路：打好精准脱贫攻坚战》

实施乡村振兴战略，要打好精准脱贫攻坚战，走中国特色减贫之路。本书分析指出，脱贫攻坚进入啃硬骨头的决战决胜阶段，要把提高脱贫质量放在首位，注重扶贫与扶志扶智相结合，瞄准贫困人口精准帮扶，聚焦深度贫困地区集中发力，激发贫困人口内生动力；扶贫强调“精准”

二字，要通过产业扶持、生态补偿、易地搬迁、发展教育、社会保障等方式，确实保障全面建成小康社会一个人都不能掉队。

以上 12 本书在内容上涵盖了实施乡村振兴战略的重大理论与实践问题。丛书的撰写会聚了国内相关领域的权威专家和学者，历时一年多的时间完成初稿，并经专家委员会论证、修改、完善，最后由中原农民出版社审定出版。在丛书的撰写和完善过程中，我们牢牢把握丛书主要是面向省市县乡村五级书记以及乡村振兴其他管理干部、乡村振兴战略研究者等，内容力求通俗易懂。同时，以在乡村振兴战略实施过程中涌现出来的典型为基础，采用纪实文学的创作模式，构建乡村振兴战略典型模式，为读者提供具有实践意义的指导。在具体的结构上，文字叙述中穿插大量的结构化、模块化图文，在章节中设置了知识链接、专家观点、典型案例、延伸阅读、深度思考等板块。可以说，这套丛书对省市县乡村五级书记和乡村振兴其他管理干部全面了解乡村振兴战略具有很好的学习参考价值。

作为党刊理论工作者，我深深地为中华民族实现从站起来到富起来再到强起来的伟大飞跃而倍感自豪；深深地为中国共产党人“不忘初心、牢记使命”，正确处理工农关系、城乡关系而倍感骄傲；深深地为以习近平同志为核心的党中央提出实施乡村振兴战略带领亿万中国农民走向共同富裕而倍感荣光。作为丛书主编，我对参与本书策划、撰稿、出版的各位专家领导表示深深的感谢，感谢他们为实施乡村振兴战略贡献智慧和力量。同时，由于时间紧张，对实施乡村振兴战略的理论问题研究还有待进一步深入，案例还有待进一步总结凝练，也请各位读者多多包涵。我们将在今后继续努力，力求为实施乡村振兴战略推出更多有实践指导价值的研究成果。

习近平总书记指出：中国要强，农业必须强；中国要美，农村必须美；中国要富，农民必须富。没有农业农村现代化，就没有整个国家现代化以及把乡村振兴战略作为新时代“三农”工作总抓手。全面建成小康社会、建设社会主义现代化强国，一步也不能离开乡村振兴。没有乡村振兴，就没有中华民族的伟大复兴。让我们一同携起手来，为实现中华民族伟大复兴而全面推进乡村振兴！

红旗文稿杂志社社长　顾保国

2019 年 8 月

前言

中国特色社会主义进入新时代，我国社会主要矛盾已经转化为人民日益增长的美好生活需要和不平衡不充分的发展之间的矛盾，而我国发展最大的不平衡是城乡发展不平衡，最大的不充分是农村发展不充分，“一条腿长、一条腿短”问题比较突出。党的十九大提出实施乡村振兴战略，并作为七大战略之一写入党章，这是以习近平同志为核心的党中央对“三农”工作作出的重大决策部署，是决胜全面建成小康社会、全面建成社会主义现代化强国的重大历史任务，是新时代做好“三农”工作的总抓手。实施乡村振兴战略也是解决我国新时代主要矛盾的必然要求，是协调城乡发展的必然结果，在我国“三农”发展进程中具有划时代的里程碑意义。

党的十九大以来，习近平总书记就实施乡村振兴战略发表了一系列重要讲话、作出了一系列指示批示。在党的十九大提出“产业兴旺、生态宜居、乡风文明、治理有效、生活富裕”的乡村振兴战略总要求之后，2017 年 12 月，在中央农村工作会议上习近平总书记又进一步明确提出了走中国特色社会主义乡村振兴的“七条道路”：一是走城乡融合发展之路，二是走共同富裕之路，三是走质量兴农之路，四是走乡村绿色发展之路，五是走乡村文化兴盛之路，六是走乡村善治之路，七是走中国特色减贫之路。2018 年 3 月 8 日，习近平总书记在参加十三届全国人大一次会议山东代表团审议时强调，要推动乡村产业振兴、人才振兴、文化振兴、生态振兴、组织振兴，进一步明确了乡村振兴的主攻方向和实施路径；2018 年 6 月 14 日，习近平总书记在山东省考察时指出，乡村振兴，人才是关键。要积极培养本土人才，鼓励外出能人返乡创业，鼓励大学生村官扎根基层，为乡村振兴提供人才保障。要加强基层党组织建设，选好配强党组织带头人，发挥好基层党组织战斗堡垒作用，为乡村振兴提供组织保证。2019 年 3 月 8 日，习近平总书记在参加十三届全国人大二次会议河南代表团审议时再次指出，党的十九大作出了实施乡村振兴战略的重大决策部署，乡村振兴是包括产业振兴、人才振兴、文化振兴、生态振兴、组织振兴的全面振兴，实施乡村振兴战略的总目标是农业农村现代化，总方针是坚持农业农村优先发展，总要求是产业兴旺、生态宜居、乡风文明、治理有效、生活富裕，制度保障是建立健全城乡融合发展体制机制和政策体系。

习近平总书记关于实施乡村振兴战略的重要论述，深刻回答了为什么要振兴乡村、怎样振兴乡村等一系列重大理论和实践问题，是新发展理念在农业农村工作中的全面贯彻，是中国特色社会主义道路在农村的创新实践。在新时代推进乡村振兴战略，必须深入学习贯彻习近平新时代中国特色社会主义思想和党的十九大精神，准确领会中央实施乡村振兴战略的战略意图、总体要求和重点任务，调动全社会力量，切实抓住历史机遇，增强责任感、使命感、紧迫感，把乡村振兴战略实施好。

实施乡村振兴战略，必须破解人才瓶颈制约。要把人力资本开发放在首要位置，畅通智力、技术、管理下乡通道，造就更多乡土人才，聚天下人才而用之。《人才振兴：构建满足乡村振兴需要的人才体系》一书，以习近平新时代中国特色社会主义思想为指导，深入贯彻落实党的十九大精神，紧紧围绕《中共中央 国务院关于实施乡村振兴战略的意见》和《乡村振兴战略规划（2018—2022年）》，从推动乡村人才振兴的重要性、准确理解人才振兴的内涵要义、强化人才支撑的主要任务和具体措施等方面进行了深入阐述，以便使读者了解中央精神，对推动乡村人才振兴的思想有全方位、多层次的理解。并选择较为经典的、最新的基层真实案例，使读者能够有学习的样本，拿来即用。

辛宝英

2019年9月

目　录

第四章 加强乡村专业人才队伍建设

第五章 发挥科技人才支撑作用

第六章 挖掘乡土文化本土人才

第十章 人才振兴经典案例解读

第一章

准确把握乡村振兴中的人才振兴

千秋基业，人才为本。习近平总书记在十九届中央政治局第八次集体学习时的讲话中指出：实施乡村振兴战略，各级党委和党组织必须加强领导，汇聚起全党上下、社会各方的强大力量。同时强调：人才振兴是乡村振兴的基础，要创新乡村人才工作体制机制，充分激发乡村现有人才活力，把更多城市人才引向乡村创新创业。[①] 新时代，农村是充满希望的田野，是干事创业的广阔舞台。

一、人才振兴是乡村振兴的关键因素

乡村振兴，人才先行。人才振兴是乡村振兴的关键因素。俗话说戏好要看唱戏人，如果没有一批符合需要的乡村人才，实现乡村振兴只能是空话。因此，2018 年中央一号文件以习近平新时代中国特色社会主义思想为指导，全面贯彻落实党的十九大精神，提出了“实施乡村振兴战略，必须破解人才瓶颈制约”的要求。加强懂农业、爱农村、爱农民的“三农”工作队伍建设，必须把人力资本开发放在首要位置，畅通智力、技术、管理下乡通道，造就更多乡土人才，聚天下人才而用之。2019 年中央一号文件再次指出，要建立“三农”工作干部队伍培养、配备、管

① 习近平：《把乡村振兴战略作为新时代“三农”工作总抓手》，《求是》2019 年第 11 期。

理、使用机制，落实关爱激励政策，引导各类人才投身乡村振兴，并要求抓紧出台培养懂农业、爱农村、爱农民“三农”工作队伍的政策意见。

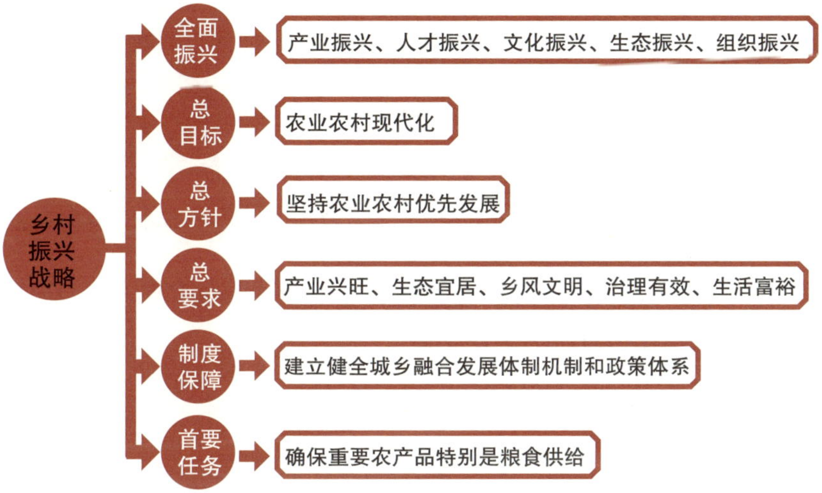

乡村振兴战略的全面振兴总目标、总方针、总要求、制度保障、首要任务

（一）推动乡村振兴需补齐“人才短板”

习近平总书记指出：即便我国城镇化率达到 70%，农村仍将有 4 亿多人口。如果在现代化进程中把农村 4 亿多人落下，到头来“一边是繁荣的城市、一边是凋敝的农村”，这不符合我们党的执政宗旨，也不符合社会主义的本质要求。农村现代化既包括“物”的现代化，也包括“人”的现代化，还包括乡村治理体系和治理能力的现代化。我们要坚持农业现代化和农村现代化一体设计、一并推进，实现农业大国向农业强国跨越。[①]

① 习近平：《把乡村振兴战略作为新时代“三农”工作总抓手》，《求是》2019 年第 11 期。

乡村兴则国家兴，乡村衰则国家衰。农业农村现代化是实施乡村振兴战略的总目标。没有农业农村现代化，就没有整个国家现代化。实施乡村振兴战略是新时代做好“三农”工作的总抓手。人才振兴是乡村振兴的基础，要创新乡村人才工作体制机制，充分激发乡村现有人才活力，把更多城市人才引向乡村创新创业，补齐“人才短板”。实施乡村振兴战略，必须从根本上树立“人才是第一资源”的理念，充分认识农民在乡村振兴中的主体地位，把乡村人才振兴放在乡村振兴的重要位置，培育产生一大批新型农民，打造一支强大的乡村振兴人才队伍，为加快推进农业农村现代化提供坚实人才支撑。

1. 乡村振兴中人才队伍建设存在的问题

乡村振兴离不开人才队伍建设，但当前我国乡村人才队伍建设仍存在一些问题。

一是人力资本短缺，综合素质不高。经济的快速发展和城镇化的快速推进，使城乡劳动生产率之间的差距日益显著。随着乡村大量有文化、有知识，懂技术、高素质的青壮年劳动力进城务工和安家落户，大量老人、妇女、儿童等留守乡村，成为乡村人口的代表，导致农村人口老龄化、村庄“空心化”“三留守”等问题日益严重，出现了乡村人力资本短缺现象。当前我国乡村人才队伍主要是由乡村能人组建而成，一些乡村能人因为年龄偏大，无论是在知识更新速度、接受新事物能力还是发展视野等方面，都具有一定的局限。乡村人力资本短缺、综合素质不高等问题，使得乡村振兴战略各项政策的落实以及各项工作的开展缺少有力的支撑。

二是乡村人才流失，回流难度大。乡村除了上面提到的留不住人才的问题，还存在引不来、返乡机制不畅的问题。当前，那些改革开放初期流出农村的人才已近退休年龄。这些人有阅历、有能力、有资源，能为乡村经济和文化复兴提供动力。同时他们也有强烈的乡土情结，向往绿水青山，但家园情怀无法顺利实现。“甘于清贫，乐于奉献”的观念不足以支撑他们留在农村。由于区位、交通、气候及经济发展、公共服务等劣势明显，政治待遇、经济待遇没有优势，人才更是引不进。此外，人才返乡在土地、户籍、医保、社保等制度方面的机制不畅也阻碍了乡村人才发展。

三是乡村人才培养机制不健全。乡村振兴的实现要紧紧依靠人才队伍的力量，但当前我国部分乡村地区的人才培养机制尚不健全，缺乏科学性、系统性的机制建设，导致乡村人才流失，影响了乡村振兴战略实施的质量与效率。比如，一些地区在进行基层机构改革之后，编制的数量有所减少，不易留住优秀人才，使人才队伍建设出现后继乏力情况。同时，还有部分乡村地区由于缺少经费，减少对人才培养的资金投入，导致乡村振兴人才队伍建设缺乏后劲。此外，部分乡村地区在人才培养上，不能够充分考虑受众群体的接受能力与理解能力，盲目追求高效、快速的培养效率，导致培养工作流于表面，无法真正发挥作用。

2. 加大对乡村人才的培养与引进力度，补齐“人才短板”

我们应重视基层干部队伍建设，培养新型职业农民，引导乡村人才理性流动，加大对乡村人才的培养与引进力度。

首先，重视基层干部队伍建设，发挥引领作用。基层干部有两方面的优势：一是对国家政策了解多、领悟透，对本地区发展规划的掌握比较精准、执行比较到位。二是对本地区的资源禀赋、发展优势以及短板不足较为清楚。因此，各地应当充分发挥基层干部把脉定向的作用。基层干部是党的方针政策的执行者和传达者，只有提升基层干部能力，才能全面推进乡村振兴战略，促进乡村社会和谐发展。

其次，要培育农民自我发展能力，充分发挥农民群众在乡村振兴中的主体地位，培育新型职业农民。乡村振兴为了农民，同时也必须依靠农民，这就必须把坚持农民主体地位落实到位，充分调动广大农民群众的积极性、主动性，真正让他们成为乡村振兴的参与者、建设者和受益者。要把政府主导和农民主体有机统一起来，充分尊重农民意愿，激发农民内在活力，教育引导广大农民用自己的辛勤劳动实现乡村振兴。

最后，推进乡村振兴战略要引导乡村人才理性流动，加大对乡村人才的培养与引进力度。一是引导乡村人才理性流动，建立科学的人才机制，吸引乡贤回流。针对我国目前存在的乡贤群体流失且回流难度较大等问题，我们应着力吸引乡贤回流，使乡村振兴战略的实施获得乡贤的支持与帮助。二是加大对乡村人才的培养与引进力度。比如，通过健全乡村振兴人才制度，提供政策优惠，引进农村急需的人才。这就要求做好“筑巢引凤”工作，创造条件，吸引、留住更多的非本土、非乡村人才参与农村建设发展，还应落实人才引进专项编制，出台人才引进特殊补贴、创业支持等优惠政策，完善农村地区的住房、医疗、子女就学等配套服务建设，增强吸引力。

专家观点

实施乡村振兴战略　推动农业农村优先发展

围绕促进人才振兴，培养造就新型职业农民队伍。没有人，乡村振兴就是一句空话。随着城镇化进程加快，大量青壮年劳动力离开农村，农民老龄化、农村缺人才和留不住人的问题愈发突出。推进乡村人才振兴，要想方设法创造条件，吸引更多人才参与乡村振兴。坚持两条腿走路，一方面就地培养，全面建立职业农民制度，培养造就一批扎根农村的“土专家”“田秀才”和农业职业经理人；另一方面筑巢引凤，引导外出农民工、退伍军人、农村大中专毕业生返乡创业创新，让各类人才、资本等要素在农村广阔天地发挥作用、大展身手。

——农业农村部党组书记、部长　韩长赋

（二）要强化“人才为先”在乡村振兴全局中的战略定位

把培养人才和发挥人才作用纳入乡村振兴战略全局之中通盘考虑，努力形成人才队伍建设与农业农村经济社会发展相互促进、良性发展的有利局面；创造有利于各类人才成长和发挥作用的良好环境，形成科学合理的制度安排，把现有农村各类人才稳定好、利用好，充分发挥现有人才的作用；加大培养力度，因材施教，努力打造高水平的农业科研人才队伍，建设扎根服务基层的农技推广人才队伍，培养善于致富带富的农村实用人才队伍，开发富有工匠精神的农业技能人才队伍，壮大充满生机活力的农村创业创新人才队伍。要鼓励引导教育、卫生、科技、农业等专业技术人才“上山下乡”，支持农民工、农民企业家、大中专毕业生、退役军人等各类群体返乡下乡创业就业；全面实施新型农业经营主体带头人培训计划、新型职业农民培育工程和农村职业技能提升计划，挖掘培养一批“土专家”“田秀才”；打好“乡情牌”“乡愁牌”，引导支持退休干部、知识分子等“新乡贤”返乡归田，积极参与社会主义新农村的建设、发展和管理。

知识链接

对就业重点群体开展职业技能提升培训和创业培训

2019 年 5 月，国务院办公厅发布的《职业技能提升行动方案（2019—2021 年）》明确提出对就业重点群体开展职业技能提升培训和创业培训：面向农村转移就业劳动者特别是新生代农民工、城乡未继续升学初高中毕业生（以下简称“两后生”）等青年、下岗失业人员、退役军人、就业困难人员（含残疾人），持续实施农民工“春潮行动”“求学圆梦行动”、新生代农民工职业技能提升计划和返乡创业培训计划以及劳动预备培训、就业技能培训、职业技能提升培训等专项培训，全面提升职业技能和就业创业能力。对有创业愿望的开展创业培训，加强创业培训项目开发、创业担保贷款、后续扶持等服务。围绕乡村振兴战略，实施新型职业农民培育工程和农村实用人才带头人素质提升计划，开展职业农民技能培训。

（三）要解决“人”的问题，需在“培育”“引进”和“使用”上做文章

人才是乡村振兴的第一资源，实施乡村振兴战略，必须先解决“人”的问题。《中共中央 国务院关于实施乡村振兴战略的意见》提出，要把人力资本开发放在首要位置，畅通智力、技术、管理下乡通道，造就更多乡土人才，聚天下人才而用之。其关键就是要造就、引进更多服务乡村振兴的人才，要用好用活乡村各类人才。这就要在“培育”“引进”和“使用”上做文章，下功夫，出实招。把人力资源开发放在首要位置，进一步整合资金资源，完善培训机制和内容，加快培育新型职业农民、壮大新型农业经营主体，加强农村专业人才队伍建设，按照懂农业、爱农村、爱农民的基本要求，加强对“三农”工作干部队伍培养、配备、管理、使用，培养一大批乡村本土人才；要以乡情乡愁为纽带，抓好“招才引智”，建立有效的激励机制，把有志于农业农村发展的各类人才“引回来”，促进各路人才“上山下乡”投身乡村建设，让那些想为家乡做贡献的各界人士能够找到参与乡村建设的渠道和平台，在乡村振兴中大展身手。

知识链接

新时代中国社会的主要矛盾

党的十九大报告指出，经过长期努力，中国特色社会主义进入了新时代，这是我国发展新的历史方位。中国特色社会主义进入新时代，我国社会主要矛盾已经转化为人民日益增长的美好生

活需要和不平衡不充分的发展之间的矛盾。我国稳定解决了十几亿人的温饱问题，总体上实现小康，不久将全面建成小康社会，人民美好生活需要日益广泛，不仅对物质文化生活提出了更高要求，而且在民主、法治、公平、正义、安全、环境等方面的要求日益增长。同时，我国社会生产力水平总体上显著提高，社会生产能力在很多方面进入世界前列，更加突出的问题是发展不平衡不充分，这已经成为满足人民日益增长的美好生活需要的主要制约因素。

二、准确把握乡村振兴对乡村人才提出的新要求

党的十九大提出了实施乡村振兴战略的总要求，就是坚持农业农村优先发展，按照产业兴旺、生态宜居、乡风文明、治理有效、生活富裕的总要求，建立健全城乡融合发展的体制机制和政策体系，加快推进农业农村现代化。产业兴旺、生态宜居、乡风文明、治理有效、生活富裕，每一个方面，都需要相应的乡村人才来支撑，对新时代“三农”工作和农业农村人才工作提出了新的更高要求。

（一）产业兴旺对乡村人才提出的新要求

产业兴旺，需要农业经营管理人才（农业职业经理人）、新型职业农民、农业科技人才和农村电商人才的支撑。产业要兴旺，就要大力发展家庭农场、新型农民合作社、农村专业技术协会等新型农业经营主体，这就需要一批知识型、技能型、创新型的农业经营管理人才来启动、协调和推动，还需要一批爱农业、懂技术、善经营的以农业为主

业、以农业为主要收入来源，并且生产水平很高的新型职业农民来生产。产业要兴旺，就要加快农业转型升级，做大做强优势特色产业，这就离不开农业科技人才的支撑。农业科研人才，主要集中在农业高校和农业研究院所，他们人数不多，但作用巨大。产业要兴旺，还需要农村电商这种新业态的支撑力量。所以，农村电商人才，也是急需的特殊人才。农村电商人才，既要懂电商，又要懂农业和农产品，更要懂得农产品市场经营。

（二）生态宜居对乡村人才提出的新要求

建设生态宜居的美丽乡村，需要环境治理人才和乡村规划人才（具体包含规划、建筑、园林、景观、艺术设计等人才）的支撑。建设生态宜居的美丽乡村，就是要牢固树立和践行绿水青山就是金山银山的理念，坚持尊重自然、顺应自然、保护自然，统筹山水林田湖草系统治理，加强农村突出环境问题综合治理，建设生活环境整洁优美、生态系统稳定健康、人与自然和谐共生的生态宜居美丽乡村。而这关键就是要改善农村人居环境，重点做好垃圾污水处理、厕所革命、村容村貌提升。相应地，环境治理和乡村规划这两个方面的人才，必不可少。

（三）乡风文明对乡村人才提出的新要求

实现乡风文明，需要文化传播人才的支撑。中共中央、国务院印发的《乡村振兴战略规划（2018—2022 年）》提出，要坚持以社会主义核心价值观为引领，以传承发展中华优秀传统文化为核心，以乡村公共文化服务体系建设为载体，培育文明乡风、良好家风、淳朴民风，推动乡村文化振兴，建设邻里守望、诚信重礼、勤俭节约的文明乡村。其关键就是要传承发展中华优秀传统文化，使之深入人心，落实到每个人的行动上。这就需要文化传播人才用有效的文化传播方式，进行文化熏陶。

农村人居环境整治坚持的原则

（四）治理有效对乡村人才提出的新要求

构建乡村治理新体系，需要乡村管理人才的支撑。乡村振兴，治理有效是基础。乡村治理是国家治理的基石，必须坚持自治、法治、德治相结合，确保乡村社会充满活力、和谐有序。这就对以村“两委”干部为核心的乡村基层管理人才提出了新要求，要具备较高的促进乡村自治、法治、德治的能力。

（五）生活富裕对乡村人才提出的新要求

实施乡村振兴战略，是解决人民日益增长的美好生活需要和不平衡不充分的发展之间矛盾的必然要求，是实现“两个一百年”奋斗目标的必然要求。经济发展了、生活富裕了，人才的重要性愈发凸显，通过推动人才振兴，培育乡村振兴生力军。随着社会主要矛盾的变化，农民收入的不断提高，基础设施条件的不断改善，农民在物质生活方面的水平不断提高，在民主、法治、公平、正义、安全、环境等方面的要求日益增长，在就业、教育、医疗、居住、养老等方面的人才数量越来越多，在乡村振兴中对人才要求越来越高。因此，要发挥人才示范引领，把广大农民对美好生活的向往转化为推动乡村振兴的动力，把维护广大农民根本利益、促进广大农民共同富裕作为出发点和落脚点，让广大农民参与到乡村振兴战略实施中，将乡村振兴变成广大农民共同的责任和要求，乡村振兴才能行稳致远。

农村是整个社会的一个部分，所需要的各个方面的人才类型很多。以上几个方面的人才，应该是最主要的和最基本的。其中有些人才，是要根植于农业农村内部，而另外一些人才，则主要是来自于农业农村外部的支持，例如科研人员、环境治理人员、景观设计人员等。①

知识链接

天下之治在人才

“致天下之治者在人才”“功以才成，业由才广”，人才是治国的基础，是事业成败的关键。党的十八大以来，习近平总书记关于人才有非常多的论述，“国势之强由于人”“聚天下英才而用之”“要树立强烈的人才意识，寻觅人才求贤若渴，发现人才如

① 柯炳生：《如何理解乡村振兴中的人才振兴？》，《农民日报》2018 年 9 月 12 日。

获至宝，举荐人才不拘一格，使用人才各尽其能”，充分彰显了习近平总书记强烈的人才意识。

什么是人才？习近平总书记的用典是“才者，德之资也；德者，才之帅也”。爱国爱民、理想信念、实干肯干、改革创新、责任担当，这是五条选拔人才的标准。

怎么培养人才？习近平总书记的用典是“宰相必起于州部，猛士必发于卒伍”。成才离不开读书学习、成才离不开锻炼，注重营造良好的人才成长环境和氛围。

如何使用人才？习近平总书记的用典是“盖有非常之功，必待非常之人”。坚持正确的用人导向、用人所长避其所短、不拘一格是三个任用人才的要素。

三、创造有利于各类人才成长、发挥作用的良好环境

乡村人才振兴的关键，就是要让更多人才愿意来、留得住、干得好、能出彩，人才数量、结构和质量能够满足乡村振兴需要。为此，要创造有利于各类人才成长、发挥作用的良好环境，要有一个好的制度安排，把现有的农村各类人才稳定好、利用好，充分发挥现有人才的作用。

（一）培养过硬的乡村基层干部队伍

科技是第一生产力，人才是第一资源。着力推进乡村振兴跨越发展，关键在党，关键在人，关键在于锻造一支能够敢思敢闯、担当重任、勇立潮头的高素质基层干部队伍。让新时代的干部去引领新时代的社会发展，推动新时代乡村振兴，首要任务是培养乡村干部队伍。因此，要引

导乡村基层干部有勇气、有担当；立足实际的踏实与勤奋；开放开拓的眼界与思维。乡村基层干部要抛弃“急功近利”的政绩观，不搞不切实际的面子工程；转变干部作风，切实为乡村百姓做好事、做实事。乡村基层干部只有不忘投身乡村振兴事业的初心，才能砥砺前行。

（二）全面建立职业农民制度，大力培育新型职业农民

新型职业农民重点培育对象

全面建立职业农民制度，完善配套政策体系。实施新型职业农民培育工程、新型职业农民学历提升工程和新型职业农民培育信息化建设工程。支持涉农职业院校开展新型职业农民学历教育，面向专业大户、家庭农场经营者、农民合作社负责人、农业企业经营管理人员、农村基层干部、返乡下乡涉农创业者、农村信息员和农业社会化服务人员等，采取农学结合、弹性学制、送教下乡等形式开展农民中高等职业教育。创新培训机制，支持农民专业合作社、专业技术协会、龙头企业等主体承担培训。引导符合条件的新型职业农民参加城镇职工养老、医疗等社会

保障制度。同时，鼓励各地开展职业农民职称评定试点。

（三）加强农村专业人才队伍建设

2018 年中央一号文件《中共中央 国务院关于实施乡村振兴战略的意见》对“加强农村专业人才队伍建设”作出明确要求，具体指出：建立县域专业人才统筹使用制度，提高农村专业人才服务保障能力。推动人才管理职能部门简政放权，保障和落实基层用人主体自主权。推行乡村教师“县管校聘”。实施好边远贫困地区、边疆民族地区和革命老区人才支持计划，继续实施“三支一扶”、特岗教师计划等，组织实施高校毕业生基层成长计划。支持地方高等学校、职业院校综合利用教育培训资源，灵活设置专业（方向），创新人才培养模式，为乡村振兴培养专业化人才。扶持培养一批农业职业经理人、经纪人、乡村工匠、文化能人、非遗传承人等。

典型案例

四川达州：汇聚 10 类人才振兴乡村

为破解秦巴山区发展瓶颈制约，引进培养一支留得住、能战斗、带不走的乡村振兴人才队伍，2019 年 5 月，四川省达州市出台推进乡村人才振兴 10 条措施，引导 10 类人才助力乡村振兴。

加大农业高层次人才招引力度。大力实施“达州英才计划”，深入开展招才引智活动，引进具有硕士研究生及以上学历学位的农业高层次人才 200 名；通过兼职聘用、项目合作、技术攻关等方式，柔性引进农业科研领军人才（团队）100名（个）。

强化新型职业农民素质提升。开展职业农民认定，对符合知识技能水平、产业发展规模、生产经营效益、经营管理能力等方面认定条件的，颁发新型职业农民证书。实施新型职业农民培育工程，每个行政村培育5名以上爱农业、懂技术、善经营的新型职业农民，全市着力打造一支万人新型职业农民大军。

实施村党组织带头人提能计划。注重从政治素质高、带富能力强的村民、退役军人、经商务工人员、社会工作者、大学生村官、退休干部职工等群体中选拔村党组织书记。实施千名学子定制培养、千名书记专业提能、千名干部学历提升“三千计划”，建立村党组织书记后备人才库，每个村动态培养储备2名以上后备力量。每年全覆盖培训村党组织书记1次。

引导教育卫生人才服务基层。引导城乡教师校长交流，基层义务教育学校校长、教师轮岗交流占应轮岗交流人员比例不低于10%。落实城乡医疗卫生对口支援“传帮带”工程，引导卫生专业技术人员到基层开展驻点帮扶工作。鼓励基层教育卫生人才参加在职学历教育，对取得国家承认的硕士以上学位的，由所在单位一次性给予不低于60%的学费补助。

搭建高校毕业生成长平台。引导高校毕业生到基层开展服务，加大公务员定向招录服务基层项目人员力度，畅通基层高校毕业生参加职称评审通道。支持高校毕业生到基层创新创业，依托“四川青年创业促进计划”“青年创业小额贴息贷款项目”等，为大学生创业提供创业补贴、小额贴息贷款和一对一导师帮扶服务，吸引 5000 名高校毕业生到基层干事创业。

促进在外农民工回乡就业兴业。加强基层就业创业社会保障平台建设，提供就业信息、创业指导、优惠政策享受等“一站式服务”。在本地农民工务工密集的城市建立服务站，为返乡农民工提供政策咨询，回引返乡创业农民工 7000 名。

激励农业科技人才创新创业。鼓励农业科技人员在达州市离岗开展创新创业活动，3 年内可保留人事关系，工龄连续计算，薪级工资按规定正常晋升，保留其原聘专业技术岗位等级，不影响职称评定。下放农业科技成果使用权、处置权和收益权，从农业科技成果转化所得净收入中提取不低于 90% 的比例用于奖励给完成和转化科技成果做出突出贡献的人员。

激活乡村旅游人才内在动力。依托“巴山夜雨 · 水墨达州”全域旅游品牌，扶持校地企共建乡村旅游实践实训基地 10 个，定期举办乡村旅游论坛、乡村旅游节等活动。充分发挥刘氏竹编、黄麻纸、巴山背二歌、薅草锣鼓等非物质文化遗产在乡村旅游中的特殊作用。实施乡村旅游人才定向培养，培养优秀乡村旅游人才 2000 名。

引导乡村贤能报效乡梓。实施乡村贤能培育工程，引导村内老党员、老干部、经济文化能人等群体扎根本土、建设家园。引导乡村贤能参与乡村治理，聘请乡村贤能担任“村事顾问”，允许符合要求的公职人员回乡任职。充分发挥文化名人、道德模范等典型教育引导作用。

聚集达商企业家支援乡村。完善市场准入、财政支持、金融服务、用地用电、税收优惠等方面扶持政策，引导工商资本和企业投入乡村振兴事业。鼓励达商企业家以投资兴业、援建项目、助学助教、捐资捐物、法律服务等方式，开展乡村振兴项目，力争实现达商企业家支援的每个乡镇、（村）社区至少有 1 个增收致富项目。

（《中国组织人事报》2019 年 5 月 6 日）

（四）发挥科技人才支撑作用

随着我国进入高质量发展阶段，全球新一轮科技革命和产业变革的浪潮奔腾而至，科技兴农需求紧迫、形势逼人。2018 年中央一号文件《中共中央 国务院关于实施乡村振兴战略的意见》明确要求，全面建立高等院校、科研院所等事业单位专业技术人员到乡村和企业挂职、兼职和离岗创新创业制度，保障其在职称评定、工资福利、社会保障等方面的权益。深入实施农业科研杰出人才计划和杰出青年农业科学家项目。健全种业等领域科研人员以知识产权明晰为基础、以知识价值为导向的分配政策。探索公益性和经营性农技推广融合发展机制，允许农技人员通过提供增值服务合理取酬。全面实施农技推广服务特聘计划。

（五）培育挖掘乡土文化本土人才

乡土文化意蕴丰厚，源远流长。这一从泥土中生长出来的古老文化形态，有着独具特色的乡风乡俗，有着温暖淳朴的人情人性，有着历史悠久的古村古建，也有着惊艳时光的传统技艺。农村是我国传统文明的发源地，乡土文化的根不能断，农村不能成为荒芜的农村、留守的农村、记忆中的故园。在现代化进程中，乡土文化不仅没有随着农耕文明的逝去而成为过去，反而在人文、美学、经济等诸多方面都产生了深刻的影响，彰显出了璀璨的价值。乡土文化具有人文价值，催生人们对家乡的认同感，并塑造人们的价值观。乡土文化是一个精神原乡，呼唤着人们深情归依。乡土文化的人文价值中最值得一提的是它的审美价值，乡土文化中蕴含着丰富的美学价值，能够满足现代人多样化的审美需求，给予人美好的视觉享受和精神体验。乡土人才主要是指扎根和活跃在民间传统工艺、现代实用技术、古建园林技艺等领域，掌握特殊技艺的能工巧匠、善于开拓创新的经营能人、拥有一技之长的生产能手。要振兴乡村发展，需抓好本土人才这一丰富资源，着力培养发展本土人才的优势。一是本土人才对本土乡村乡情风俗、人文历史都有深入的了解，培养本土人才热爱乡村、扎根乡村的热情，培养本土人才干事创业的激情；二是让培养本土人才在乡村振兴中发挥更大作用，需培养本土人才的理论知识和实践技能，发挥理论与实践相结合，共性与个性相结合的特点；三是在培养本土人才发挥作用的同时，还要积极想办法留住本土人才，通过完善相应机制，提高政策待遇，发挥乡土乡情的人文力量，更好地让本土人才“拿得出”且“留得住”。因此，加强农村公共文化建设，重要任务之一就是培育挖掘乡土文化本土人才。

（六）鼓励社会各界投身乡村建设

2018 年中央一号文件《中共中央 国务院关于实施乡村振兴战略的意见》明确提出要鼓励社会各界投身乡村建设。具体来说就是要建立有效激励机制，以乡情乡愁为纽带，吸引支持企业家、党政干部、专家学者、医生教师、规划师、建筑师、律师、技能人才等，通过下乡担任志愿者、投资兴业、包村包项目、行医办学、捐资捐物、法律服务等方式服务乡村振兴事业。研究制定管理办法，允许符合要求的公职人员回乡任职。吸引更多人才投身现代农业，培养造就新农民。加快制定鼓励引导工商资本参与乡村振兴的指导意见，落实和完善融资贷款、配套设施建设补助、税费减免、用地等扶持政策，明确政策边界，保护好农民利益。发挥工会、共青团、妇联、科协、残联等群团组织的优势和力量，发挥各民主党派、工商联、无党派人士等积极作用，支持农村产业发展、生态环境保护、乡风文明建设、农村弱势群体关爱等。实施乡村振兴“巾帼行动”。加强对下乡组织和人员的管理服务，使之成为乡村振兴的建设性力量。

知识链接

中国梦

习近平总书记把“中国梦”定义为“实现中华民族伟大复兴，就是中华民族近代以来最伟大的梦想。”他认为这个梦想，凝聚了几代中国人的夙愿，体现了中华民族和中国人民的整体利益，是每一个中华儿女的共同期盼。今天，我们比历史上任何时期都更接近、更有信心和能力实现中华民族伟大复兴的目标。团结带领全国各族人民在中国特色社会主义道路上全面建成小康社会，进而全面建成社会主义现代化强国、实现中华民族伟大复兴，是新时代中国共产党的历史使命。到 2020 年，是全面建成小康社会，实现第一个百年奋斗目标。从 2020 年到本世纪中叶可以分两个阶段来安排。第一个阶段，从 2020 年到 2035 年，在全面建成小康社会的基础上，再奋斗 15 年，基本实现社会主义现代化。第二个阶段，从 2035 年到 21 世纪中叶，在基本实现现代化的基础上，再奋斗 15 年，把我国建成富强民主文明和谐美丽的社会主义现代化强国。

（七）创新乡村人才培育引进使用机制

建立自主培养与人才引进相结合，学历教育、技能培训、实践锻炼等多种方式并举的人力资源开发机制。建立城乡、区域、校地之间人才培养合作与交流机制。全面建立城市医生教师、科技文化人员等定期服务乡村机制。研究制定鼓励城市专业人才参与乡村振兴的政策，强化城乡人才流动的制度性供给。

知识链接

强化乡村振兴的人才支撑

乡村振兴要把人力资本开发放在首要位置。按照习近平总书记要求，让愿意留在乡村、建设家乡的人留得安心，让愿意上山下乡、回报乡村的人更有信心，激励各类人才在农村的广阔天地大施所能、大展才华、大显身手，打造一支强大的乡村振兴人才队伍，在乡村形成人才、土地、资金、产业汇聚的良性循环。

人才聚集，乡村振兴才有底气。人才再多也不嫌多，关键是如何把人才的心留在乡村。乡村振兴不仅要关注高精尖的农技、管理人才，也要重视“土专家”“田秀才”等乡土人才。既要“筑巢引凤”引进外来人才，也要就地孵化本土人才，推动资本、技术等资源流向乡村建设，让乡村成为乡土人才干事创业的乐园。“一门手艺能带活一门产业，一个手艺人就能带活一片乡村。”要从人才的培养、职称评审和资金扶持等方面，拿出“政策干货”，为人才更好地在乡村发挥技能、带强产业、带动致富铺路架桥，使各类人才在乡村振兴中发光发热。

（马涛：《强化乡村振兴的人才支撑》，《学习时报》2018 年 6 月 11 日）

乡村振兴，人才是关键。实施乡村振兴战略，必须以习近平新时代中国特色社会主义思想为指导，全面贯彻党的十九大和十九届二中、三中全会以及中央经济工作会议精神，准确把握乡村振兴对乡村人才提出的新要求，创造有利于各类人才成长、发挥作用的良好环境，强化五级书记抓乡村振兴的制度保障，培养一支懂农业、爱农村、爱农民的“三农”工作队伍。

延伸阅读

1. 中共中央宣传部：《习近平新时代中国特色社会主义思想学习纲要》，学习出版社、人民出版社 2019 年版。

2. 习近平：《把乡村振兴战略作为新时代“三农”工作总抓手》，《求是》2019 年第 11 期。

3. 王兴国、徐光平、樊祥成：《惠农富农强农之策——改革开放以来涉农中央一号文件政策梳理与理论分析》，人民出版社 2018 年版。

深度思考

1. 党的十九大顺应时代前进潮流，准确把握发展大势，作出中国特色社会主义进入了新时代的重大政治判断。阔步迈入新时代，如何认识我国发展新的历史方位和社会主要矛盾变化?

2. 习近平总书记在党的十九大报告中指出，推动城乡义务教育一体化发展，高度重视农村义务教育。这是以习近平同志为核心的党中央对我国教育事业具有战略意义的政策导向。如何理解推动城乡义务教育一体化发展，高度重视农村义务教育?

3.《中共中央 国务院关于实施乡村振兴战略的意见》提出，汇聚全社会力量，强化乡村振兴人才支撑。要求把人力资本开发放在首要位置，畅通智力、技术、管理下乡通道，造就更多乡土人才，聚天下人才而用之。如何理解实施乡村振兴战略，必须破解人才瓶颈的制约?

第二章

加强「三农」工作队伍建设，注重「三农」干部培养配备

实施乡村振兴战略，是以习近平同志为核心的党中央从党和国家事业发展全局出发作出的重大决策，是统揽新时代“三农”工作的总抓手，具有极其重要而深远的意义。党的十九大报告指出，要“培养造就一支懂农业、爱农村、爱农民的‘三农’工作队伍”，抓住了当前农村经济社会发展的主要矛盾，就如何进一步加强农业农村干部队伍和人才队伍建设，为实施乡村振兴战略提供了坚实的人力保障。

一、新时代对“三农”工作队伍的新要求

“三农”工作队伍是党的“三农”方针政策的宣传者和践行者，是党的“三农”事业的基础和支撑，是乡村振兴战略中的中坚力量。党的十九大报告提出要“培养造就一支懂农业、爱农村、爱农民的‘三农’工作队伍”，这既是立足农业农村改革发展实际提出的针对性要求，又是着眼新时代“三农”事业全局提出的战略性任务，为加强“三农”干部队伍建设指明了方向。

（一）重视“三农”工作队伍建设

务农重本，国之大纲。农业农村农民问题是关系国计民生的根本性问题，必须始终把解决好“三农”问题作为全党工作重中之重。要深化

农村改革，活跃农村资源要素，汇聚全社会助农兴农力量，造就更多乡土人才，强化乡村振兴人才支撑。习近平总书记在党的十九大报告中指出，必须始终把解决好“三农”问题作为全党工作重中之重，强调培养造就一支懂农业、爱农村、爱农民的“三农”工作队伍。只有“懂农业”，才能对农业发展有使命感，把握现代农业发展的方向，做现代农业的推动者；只有“爱农村”，才能有深厚的农村情怀，能够扎根基层，做振兴乡村的实践者；只有“爱农民”，才能心系民心，为农民谋福祉，做农民增收的助力者。“三农”工作队伍建设是推动乡村振兴战略的关键所在，也是实现乡村振兴的重要保障。

习近平总书记在党的十九大报告中指出，人才是实现民族振兴、赢得国际竞争主动的战略资源；要努力形成人人渴望成才、人人努力成才、人人皆可成才、人人尽展其才的良好局面，让各类人才的创造活力竞相迸发、聪明才智充分涌流。当前，我国主要社会矛盾发生变化，农业农村的发展进入了新的历史阶段，必然要求一支与之相适应的“三农”工作队伍。要坚持把“三农”工作队伍建设、发挥“三农”人才作用作为乡村振兴战略的核心要素，切实发挥“三农”工作队伍在推进现代农业供给侧结构性改革、助力农民增收以及推动“三农”事业发展、振兴乡村的创新驱动作用，促进形成“三农”工作队伍建设与农业农村经济发展互相助力的良好局面。

（二）当前“三农”工作队伍状况

随着城镇化的快速推进，大量农村劳动力向城市转移，农村人口老龄化日益严重，村庄呈衰落趋势。与实施乡村振兴战略的要求相比，我们的“三农”工作队伍还较弱小，存在一定程度的人员不足、视野不宽、年龄老化、能力不足等问题，能适应新时代乡村振兴战略实施的职业型农民、专业化人才、复合型人才非常稀缺。

要全面振兴乡村，就要把“三农”工作队伍建设纳入乡村振兴战略的总体考虑中，必须发挥科技和人才的引领作用，激励更多的优秀人才到乡村创业，支持和鼓励农民创新创业，加强农村干部、农民和新型农业经营主体的教育培训，造就一支懂农业、爱农村、爱农民的“三农”工作队伍。具体来说，要从教育培养新型职业农民、教育培养农村专业人才队伍、加强“三农”干部队伍教育培训、积极引导社会人才投身乡村建设等方面着手，锻造一支攻坚队、战斗队，协同发挥作用，为实施乡村振兴战略提供人力保障。

（三）把懂农业、爱农村、爱农民作为基本要求

加强农村基层干部队伍作风建设

党的十九大报告中“懂农业、爱农村、爱农民”九个字完整地构成了新时代“三农”工作队伍的基本能力素养。实施乡村振兴战略，人是第一驱动力。随着我国农业农村发展进入新的历史阶段，全面振兴乡村战略的实施，对“三农”工作队伍提出了新的要求。这样一支队伍，要心随党心、心系民心，坚决把全面建成小康社会、不断增进农民福祉放在心上。这样一支队伍，要懂农业有担当，坚决做现代农业推动者；要爱农村守初心，坚决做振兴乡村实践者；要爱农民付真情，坚决做农民增收助力者。这样一支队伍，要作风优良、能打胜仗，有信心有能力在不断变化的国内国际环境中推动“三农”事业不断向前发展。①

1. 懂农业

发展现代农业是农村摆脱落后状态，振兴乡村的根本出路。与传统农业相比，现代农业的关键是“发展多种形式的适度规模经营”，重点是“构建现代农业经营体系、生产体系和产业体系”，主要依靠“科技创新和提高劳动者素质”，追求农业“高效、产品安全、资源节约、环境友好”。现代农业的这些鲜明特征，对农村工作队伍提出了更高要求，特别是他们对新技术、新成果、新信息的接纳、消化、吸收能力。②“三农”工作队伍，要善于学习理论和业务知识，深入学习党的十九大报告提出的新思想新观点新要求，深入学习习近平总书记“三农”思想和党中央关于“三农”工作的大政方针和决策部署，充分尊重基层和群众的首创精神，善于学习农业经济和技术知识，深入农村一线，深入研究农

① 李季孝:《聚焦新征程 对标新要求 坚定实施乡村振兴战略》,《济南日报》2017年12月27日。

② 常伟:《锻造新时代的“三农”工作队伍》,《安徽日报》2018年3月13日。

业农村发展的新情况新问题，勤于到田间地头找解决问题的办法，积极为农业农村发展集众智、汇众力。

专家观点

提升人才保障

把培养造就懂农业、爱农村、爱农民的“三农”工作队伍作为重中之重。建立“三农”工作干部队伍培养、配备、管理、使用机制，落实关爱激励政策。把乡村人才纳入各级人才培养计划予以重点支持，探索多种方式引导各类人才投身乡村振兴。实施新型职业农民培育工程。大力发展面向乡村需求的职业教育和技能培训。培养造就一批有文化、懂技术、善经营、会管理的新型职业农民，确保乡村振兴有人干、能干好。

——清华大学中国农村研究院副院长　张红宇

2. 爱农村

只有保持对农村深沉的爱，产生对农村的归属感，才能长期扎根农村，更好地服务农村。农村工作量大面广，涉及老百姓利益的事情包罗万象，每个村里大多有着深厚的“亲缘关系”和“感情基础”，这对“三农”工作者提出了更高的要求，既要准确把握党和国家关于“三农”工作的各项方针政策，又要真正沉下去，深入基层，耐心细致地做好服务。近年来，国家加大了对农村基础设施和公共服务体系建设的投入，公共服务设施和环境卫生状况显著改观，人居环境明显改善，交通和移动通讯等技术更加便捷，但从整体上看，城乡差距依然较大，农村面貌仍较落后，工作条件仍较艰苦，尤其是偏远地区，待遇仍然偏低，这对“三农”工作队伍的思想觉悟提出了更高的要求。只有保持对农村深沉的爱，产生对农村的归属感，才不会脱离“三农”工作的本质，才能愿意下基层，想下基层，能进基层。通过密切联系群众，破除对过去的路径依赖，破除以往存在的思维模式，真诚倾听群众心声、真情关心群众疾苦、真实反映群众意愿，从成绩中找问题，从问题中找缺陷，更好地指导、服务农村工作。

知识链接

“枫桥经验”

20世纪60年代初，浙江省诸暨市枫桥镇干部群众创造了“发动和依靠群众，坚持矛盾不上交，就地解决，实现捕人少，治安好”的“枫桥经验”。1963年，毛泽东同志亲笔批示“要各地仿效，经过试点，推广去做”。“枫桥经验”由此成为全国政法战线一个家喻户晓的典型。之后，“枫桥经验”得到不断发展，形成了具有鲜明时代特色的“党政动手，依靠群众，预防纠纷，化解矛盾，维护稳定，促进发展”的枫桥新经验，成为新时期把党的群众路线坚持好、贯彻好的典范。

习近平总书记曾就坚持和发展“枫桥经验”作出重要指示强调，各级党委和政府要充分认识“枫桥经验”的重大意义，发扬优良作风，适应时代要求，创新群众工作方法，善于运用法治思维和法治方式解决涉及群众切身利益的矛盾和问题，把“枫桥经验”坚持好、发展好，把党的群众路线坚持好、贯彻好。

3. 爱农民

只有怀着对农民的深厚感情，对农民有亲近感，才能真正做到为农民服务，为农民办好事情，解决难事，一心造福农民。“三农”工作队伍与农民群众关系最密切、与农民群众打交道最直接、为农民群众服务最具体。近年来，随着农民接受教育培训力度的加大，虽然农民群众对政策的认知水平和法律意识普遍提高，但相比较而言，农民法律意识依旧谈薄，信息化程度较低，不能较快适应现代化农业发展，这就对“三农”干部工作能力提出了更高的要求。怀着一颗爱农民的心，想农民所想，急农民所急，深入基层了解农民的诉求和期盼，帮助农民解决生活中的实际问题，不断提升农民的获得感、幸福感、安全感，真正做农民群众的贴心人。学好新时代为人民群众服务的各项本领，提高为民服务的能力，干出成绩，干出亮点。

二、制订并实施培训计划，全面提升“三农”干部队伍能力和水平

近年来，“三农”工作队伍建设取得明显成效：转变作风服务群众意识不断增强。求真务实干事创业的氛围更加浓厚，带领农民致富的本领不断增强，但与实施乡村振兴战略的要求相比，“三农”工作队伍还存在后备干部不足、工作队伍不稳、队伍整体素质和工作水平亟待提高等问题。为此，应从以下几方面予以加强。

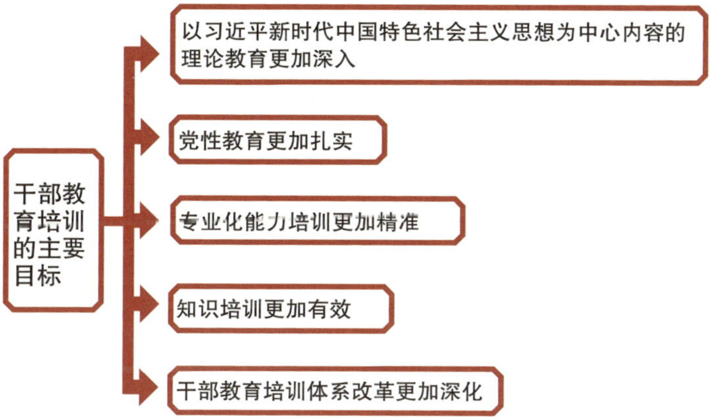

干部教育培训的主要目标

（一）着眼于提高能力，强化“三农”干部教育培训

习近平总书记强调，农业农村人才是强农兴农的根本，建设现代农业，首先要解决好人的问题。当前，我国农业正处在从传统农业加快向现代农业转型的关键时期，农业发展的环境条件和内在动因正在发生深刻变化，农业农村的内在活力亟待增强，这对“三农”工作队伍提出了更高的要求。建设好“三农”工作队伍是推动乡村振兴战略的关键所在，也是实现乡村振兴的重要保障。制定并实施培训计划，使“三农”干部开阔眼界，提升把握大局、驾驭复杂局面的能力，深入把握农业供给侧结构性改革的内涵与要求，不断提升履行职责的能力，充分调动和发挥广大群众的积极性主动性创造性，顺应新形势新要求，坚定我们发展的目标和方向，始终保持在科学的轨道上推动“三农”工作。

知识链接

农业供给侧结构性改革

概念首提：2015年12月24日至25日，中央农村工作会议强调，要着力加强农业供给侧结构性改革，提高农业供给体系质量和效率，使农产品供给数量充足、品种和质量契合消费者需要，真正形成结构合理、保障有力的农产品有效供给。“农业供给侧结构性改革”这一新鲜表述，通过中国最高级别的“三农”会议，首度进入公众视野。

核心内容：改革的过程就是农民要把控好自己生产质量和规模，这个事情核心的操作主体是农民，毕竟种子是农民种的，管理是农民管的，要是有些人为了自身的利益，投机取巧，生产品质一般甚至假冒伪劣产品，改革也就没法完成。

供给侧改革的过程中，非常重要的一点是国家宏观调控。对于过去卖不掉的东西，中国采取的策略是用政策方式刺激它，比如家电卖不出去，就有家电补贴政策，但是这种刺激消费的政策，会导致某个产业产能过剩，以致消耗过度，污染加重。

农业的发展方式需要转变，要从供给入手，改善供给结构，这才有了农产品供给侧改革。

供给侧改革，要想得到有效的推进，除了国家的宏观调控之外，农民也得转变发展观念。通过施化肥、打农药，单纯追求产量增长的生产方式，已经不符合时代的潮流，农民还得调整种植结构，多生产绿色有机食品，满足消费者的需求，来提升经济效益。

要充分发挥党校的理论、宣教和科研优势，成为“三农”工作队伍的研究所、干修所、讲习所。党校姓党，是党员干部党性锻炼的大熔炉，是培养和提高党员干部为人民服务才干的大学校，主要任务是发挥培训党员领导干部的主渠道主阵地作用，培养一支忠诚于党、造福于民，研精于思、业精于勤，具有坚强党性修养的高素质干部队伍。乡村振兴战略是党中央面向“三农”工作的顶层设计，在实施过程中由于其长期性、艰巨性、复杂性等特点，仅仅依靠农民自身力量和农村自身资源是远远不够的，而是需要各类人才汇集智慧和力量共同努力。“三农”工作队伍作为乡村振兴的重要人才支撑，需要开阔眼界，提升把握大局、驾驭复杂局面的能力，这些均为党校系统服务大局、发挥作用提供了广阔空间。

（二）积极更新观念，不断提高引领市场和依法行政的能力

当前，农业农村正处在深刻变革之中，尤其在全球化、信息化、市场化的大背景下，“三农”工作的对象、内容、领域发生深刻变化，农业生产标准化、经营规模化、主体多元化，必须把“三农”工作放在国家经济社会发展大局和全球经济一体化格局中考量，着眼于农业供给侧结构性改革的要求，调整工作的侧重点、着力点，创新传统的工作思路、工作方法，开阔眼界，不断提高引领市场和依法行政的能力。

制订并实施培训计划，使“三农 ”干部积极更新观念，创新工作思路和方法、转变观念，认识到农业农村经济发展也需要尊重市场规律，

追求经济效益，这样才能提高农民的积极性。推动农业供给侧结构性改革，核心的要求就是要坚持以市场为导向，发挥市场在资源配置中的决定性作用。作为“三农”工作者，要更多利用市场信号和价格传导机制引导农业发展，用市场手段调控供给消费，用好市场需求的导航灯。在推动现代农业发展中，还要更加注重以法治的方式推进工作，用法治的思维来凝聚共识、争取支持、解决问题，进一步深化农业领域行政审批制度改革，推进简政放权和政务公开，切实用法治激发市场活力，保障农村改革发展。

要努力创新手段，用典型引路的方式提高基层党员干部解决问题的能力。“一个榜样胜过书上二十条教诲”，让典型引路和指导工作，是最好的引导，最好的示范。农村工作最需要眼见为实、见物见人。随着产业结构升级的调整，农业农村经济的发展需要新的技术和模式，对于新的技术和模式的掌握，虽然农民有很多现代化途径，但多年的实践证明，典型引路是最为有效的方法之一。要鼓励和支持基层开展试点试验，对于好的经验和做法，要善于总结经验，积极推广，并上升为规范性、制度性的措施规定，发挥正面典型的辐射力，由点及面、顺势而为地推动工作。

（三）强化思想道德与价值观教育，全面提升“三农”干部队伍能力水平和思想境界

基层干部是农村精神文明建设最有力的倡导者和引导者，这些党员干部的思想、行为、作风的好坏直接影响着广大人民群众。他们只有自身具备良好的思想道德素质和正确的价值取向，科学的工作方法，才能保证农民思想政治教育的有效开展。

首先，农村基层干部要加强自身的先进性建设和纯洁性建设。树立正确的权力观、利益观和群众观，应当增强做群众工作的本领，改进工作作风，深入基层，认真倾听农民群众呼声，不断增进与农民群众的感情，坚决反对“四风”特别是形式主义、官僚主义，积极践行群众路线，在实践中提高自身思想道德素质，发挥率先示范作用。

其次，不断充实农村基层干部队伍。在推进乡村振兴进程中，要继续加强选调生选派工作，选派具有较高科学文化素质和思想道德素质的大学生到广大农村地区，为农村思想政治教育工作的展开注入新鲜血液。

再次，要加强对基层干部队伍的定期培训。可以通过举办业务培训班和主题教育学习班来切实提高基层干部的管理素质和道德素质，使之全心全意为人民群众服务。当前要把学习习近平新时代中国特色社会主义思想作为重要政治任务，以“不忘初心、牢记使命”主题教育为契机，引导农村工作干部坚定理性信念，践行社会主义核心价值观，把“立政德”作为信仰追求。

最后，建立定期的乡村基层干部道德考核机制。让广大群众参与其中，对基层干部队伍进行监督考核，从而激励基层干部不断提升思想道德素质。

专家观点

要在干部配备上优先考虑

打硬仗还是要有过硬的干部队伍，要优先把优秀干部充实到“三农”战线，优先把精锐力量充实到基层战斗一线，优先把熟悉

“三农”工作的干部充实到地方各级党政班子，建立健全“三农”工作干部队伍培养、配备、管理、使用机制，打造一支能打硬仗、敢打硬仗的“三农”干部队伍。要把到农村一线锻炼作为培养干部的重要途径，注重提拔使用实绩优秀的“三农”干部。要着力打造高素质的农村人才队伍，把乡村人才培养纳入各级人才培养计划予以重点支持，创新培养、评价、激励等机制，引导各类人才投身农业农村。

——中央农办秘书局　罗丹等

三、拓宽“三农”干部来源渠道

与实施乡村振兴战略的内在要求相比，我国“三农”工作干部队伍还比较弱小，农村青年人才流失严重，“三农”工作队伍科学技术能力不足，尚不能适应快速发展的农村农业新产业新业态发展的要求，开拓市场、利用资源能力较弱，国际竞争力略显不足。当前，我们要把“三农”工作队伍建设纳入乡村振兴战略全局中通盘考虑，锻造一支攻坚队、战斗队来做好农业农村各项工作。

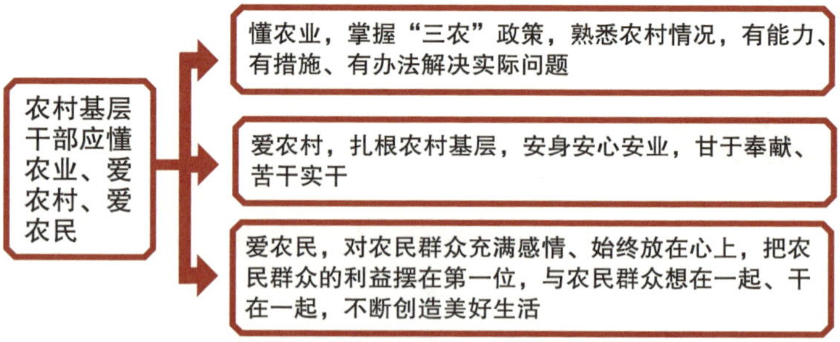

农村基层干部应懂农业、爱农村、爱农民

（一）注重提拔使用实绩优秀的干部，引导人才向农村基层一线流动

人才是乡村振兴的源头活水。乡村没有人才，没有优秀人才，再好的政策也难以实施，再好的资源也难以利用。要把到农村一线工作锻炼作为培养干部的重要途径，注重提拔使用实绩优秀的干部，引导人才向农村基层一线流动。切实把农业农村优先发展的要求落到实处，在干部配备上优先选派熟悉“三农”工作的干部进入乡镇领导班子，各级党委和主要领导干部任职时原则上要求有乡镇工作经历，懂得“三农”工作，会抓“三农”工作，分管领导必须成为“三农”工作的行家里手。严格落实“凡提必下”和干部挂职锻炼管理办法，全面贯彻省市新招录干部乡镇最低服务年限和干部在乡村脱岗挂职不低于两年的政策要求，完善乡镇领导班子优先从村或社区选拔的机制，拓宽“三农”工作部门和乡镇干部来源渠道，形成人才向农村基层一线流动的用人导向。

知识链接

“一懂两爱”应成为基层干部的标配

什么是“一懂两爱”？在党的十九大报告中找到了出处，它指的是“培养造就一支懂农业、爱农村、爱农民的‘三农’工作队伍”。

新时代农业农村农民需要什么样的工作队伍，党的十九大精准定位，完全切中农业所要、农村所需、农民所想，也为“三农”

队伍的培养配备确立了标准尺度。

懂农业、爱农村、爱农民，其实就是习近平总书记“三农”情结的生动写照。从当年在延安梁家河的知青岁月，到为群众办好事、干实事的大队党支部书记，直到将对百姓的深厚情感升华为乡村振兴战略，堪称是“一懂两爱”最典型的榜样。

只有懂农业，开展农业工作才能熟门熟路、得心应手，农业生产的措施和技术才能实在、管用；只有爱农村，才能扎根乡村大地，全心全意带动农民增收致富，加快建好建美农村；只有爱农民，才能时刻把农民需求放在心上，以农民满意为最高标准，尽心尽力为农民解决产前、产中、产后遇到的一系列难题，让农民在增收致富的路上走得更顺畅。

培养更多的以“一懂两爱”为标配的基层干部，是实施乡村振兴战略的需要，也是基层干部在实施乡村振兴战略中大展宏图的重大机遇，期待农村涌现出更多的“一懂两爱”式干部。

要从经费和制度保障层面，适当提高下乡补助标准，切实减少“三农”一线干部流失问题。在待遇、编制、社会保障等方面做好大学生村官计划的相关完善配套工作，解决他们的后顾之忧。建立高等院校、科研院所等事业单位专业技术人员到乡村和企业挂职、兼职和离岗创新创业制度，保障其在职称评定、工资福利、社会保障等方面的权益。强化政治激励、物质奖励、精神鼓励，建立完善农村基层干部与人才吸纳机制，充实“三农”工作队伍。

典型案例

徐州：加强“三农”队伍建设　助力乡村振兴

2018年12月12日，徐州市农委就“三农”工作队伍建设在徐州报业传媒大厦举办发布会，就“培养造就一支懂农业、爱农村、爱农民的‘三农’工作队伍”的背景和措施作出详细阐述。

近年来，徐州市农委党组认真组织学习党的十九大精神和习近平总书记视察徐州重要指示，注重长效机制，一以贯之地持续推进徐州市农委机关干部队伍建设，突出“六个坚持”。坚持高素质、专业化，坚持德才兼备、以德为先，坚持五湖四海、任人唯贤，坚持事业为上、公道正派，坚持透过重点工作看干部、着眼难点工作用干部，坚持扶上马、送一程、“传帮带”。严格遵循《党政领导干部选拔任用工作条例》要求，不断强化重品行、爱岗敬业、务实苦干、廉洁清正的用人导向，及时调整交流、培养使用了一大批优秀年轻干部和业务骨干，徐州市农委机关干部队伍梯队建设的不合理状况逐步得以改进。2018年，徐州市农委积极组织开展以宣传政策、走访民情、兴办实事、促进发展、固本强基为主要内容的驻村入户调研活动，主要领导带头、班子成员和支部书记带队，抽调100名党员组成20个调研组进驻20个村，每个组驻村蹲点调研全年不得少于7天。在干部使用上突出“严管厚爱”。坚持不走过场、务求实效，认真组织开展“深化‘两学一做’，争作五个表率”教育活动，与巡察整改同步推进、与作风建设同步发力，积极开展多种形式的警示教育，加快建设“矢志忠诚、业务精湛、敢于担当、干净清廉”的农委机关干部队伍。

在基层培养造就一支懂农业、爱农村、爱农民的“三农”工作队伍，徐州市农技人员队伍必须“强好身”“健好体”。截至2018年12月，徐州市市、县、镇三级农技推广机构共有1900多名农技推广人员，他们是徐州市“三农”工作队伍的骨干力量。为全面提高农技推广人员服务水平，徐州市组织实施“基层农技人员两年轮训工程”。实行精准培训，紧紧围绕徐州现代农业的四大主导产业、八大特色产业、三大融合产业，进一步优化培训方式。省、市、县三级每年共培训基层农技人员1000人，确保徐州市基层农技人员每两年能够参加一次专业培训，不断提升基层农技人员的为农服务水平。着力打造基层农技推广服务平台。截至2018年12月，徐州市建成“江苏省现代农业科技综合示范基地”6个，获批“江苏现代农业产业技术体系”创新团队1个，建成江苏省农业产业技术体系推广示范基地26个。2018年，徐州市启动了市县级农业科技示范基地建设。计划到2020年，徐州市建成10个省级（根据各县主导产业，每县1～2个）、100个市县级农业科技示范基地（根据各镇主导产业，每镇1个）。通过充分发挥科技示范大户、三级示范基地的辐射带动作用，实现一个大户帮扶一个村庄、一个基地影响一个区域，全力打通农技服务“最后一公里”。

徐州市农委始终坚持把解决“谁来种地”“谁来喂猪”“谁来栽树”“谁来养鱼”问题，作为当下乡村振兴的当务之急。徐州市农委一方面积极组织开展“工商企业家看徐州农业”等活动，鼓励和欢迎工商资本下乡，优化工商资本下乡投资环境；另一方面，农委又设立了必要的“防火墙”，既防止跑马圈地，搞度假村、乡村别墅，又防止排挤农民，剥夺农民的机会和利益。老板下乡必须要带动老乡，绝不能富了老板、亏了老乡。与此同时，徐州市组织实施新型职业农民培育整市推进工程，研究制定并印发《徐州市新型职业农民年度培育计划》，分解落实培育任务。将“新型职业农民培育工程”列入年度全市农业农村工作考核指标，严格对各地任务完成情况进行考核评比。定期或不定期通过现场查看、电话调度、上报书面材料、深入农户走访等各种形式，全程跟踪督查各地新型职业农民培育进展情况，着力培养好“新型职业农民”这支乡村振兴的生力军。“十三五”期间，徐州市要培育完成新型职业农民40万人次以上，培育程度50%以上。

（中共江苏省委新闻网2018年12月13日）

（二）配齐配强农村基层干部，采取多种方式提高农村干部队伍素质

2018年7月3日，习近平总书记在全国组织工作会议上指出：“我们要在选人用人上体现讲担当、重担当的鲜明导向，把敢不敢扛事、愿不愿做事、能不能干事作为识别干部、评判优劣、奖惩升降的重要标准，把干部干了什么事、干了多少事、干的事群众认不认可作为选拔干部的根本依据，激励各级干部撸起袖子加油干。要注重发挥榜样的激励作用，

让干部对照找差距、努力有方向。要真情关爱干部，帮助解决实际困难，关注身心健康，让广大干部安心、安身、安业。对基层干部特别是困难艰苦地区和奋战在脱贫攻坚第一线的干部，要给予更多理解和支持，在政策、待遇等方面给予倾斜。”

要优选配强农业系统干部，突出政治标准，选用忠诚自律担当的干部，能力与潜力并重，既注重从艰苦环境和复杂局面中培养锻炼年轻干部，又注重从高层次人才中引进；要配齐配强农村基层干部，采取多种方式提高农村干部队伍素质，重视和丰富对农村基层干部的物质激励和精神鼓励，使想干事、能干事、干成事的基层干部脱颖而出。在人才管理方面，要形成以农业农村部门为主导、各部门积极配合、社会力量广泛参与，上下联动、协调配合的人才发展格局。在人才培养方面，要实现人尽其才、才尽其用的培养目标，完善符合各类农业人才特点的长期稳定培养支持机制，对象上向新型职业农民和新型农业经营主体倾斜、区域上重点向贫困地区倾斜、内容上重点向绿色发展主题集中。在人才评价方面，要体现服务乡村振兴战略的目标导向，对不同类型和层次的人才实行分类分级评价，将对农业农村现代化的实际贡献作为衡量人才的基本标准。①

建立长效的“三农”干部队伍建设制度，注重在人员配置、资金投入、公共服务上优先安排保障，从农牧、科技、林业等部门选派优秀干部到农村一线担任科级特派员指导实践，有效提升“三农”干部队伍能力和水平。全面落实《关于进一步激励广大干部新时代新担当新作为的意见》，结合乡镇领导班子和领导干部分析研判、年度考核、重点工作

① 谭智心:《“人才强农”是乡村振兴的重要引擎》，央视网 2018 年 3 月 12 日。

推进等情况，全面发现涉农优秀年轻干部，及时补充到科级后备干部库，切实加大对农村优秀干部的培养选拔力度，严格执行从村干部、大学生村官考录公务员和事业单位干部制度，鼓励干部下沉基层、一线锻炼，积极营造干部愿下基层、能下基层、适应基层、贡献基层的干事创业氛围，确保“三农”工作队伍充实、健康、稳定。

（三）拓宽“三农”干部队伍吸纳渠道，优化农村人才队伍结构

拓宽“三农”干部队伍选拔吸纳渠道，形成人才向农村基层一线流动的用人导向。大力引导和动员创业有成、有奉献精神的党员民营企业家、致富能手、回乡知识青年、复员退伍军人、务工经商人员参加村“两委”选举，切实把那些政治素质好、领富能力强、协调本领强的优秀人才选拔到班子中来。加大从优秀村干部中考录乡镇公务员、选任乡镇领导干部的力度。允许符合要求的公职人员回乡任职。要建立城乡、区域、校地之间人才培养合作与交流机制，为干部人才队伍“加油充电”，提升能力水平。面向全国大学生推出乡村振兴人才培养计划，由国家承担其相关学习费用，彻底解决“三农”工作队伍文化程度相对偏低、专业不对口以及后继乏人等问题。

在加强各类人才队伍和干部队伍建设的同时，应积极引导社会各类人才投身乡村建设。要大力营造乡村干事创业的良好氛围，制定各类人才投身乡村建设的具体举措，确保人才愿意来、留得住、用得上、干得好，为乡村建设汇聚起源源不断的新生力量。按照《中共中央 国务院关于实施乡村振兴战略的意见》的要求，还要建立有效激励机制，“以乡情乡愁为纽带，吸引支持企业家、党政干部、专家学者、医生教师、规划

师、建筑师、律师、技能人才等，通过下乡担任志愿者、投资兴业、包村包项目、行医办学、捐资捐物、法律服务等方式服务乡村振兴事业”，“发挥工会、共青团、妇联、科协、残联等群团组织的优势和力量，发挥各民主党派、工商联、无党派人士等积极作用，支持农村产业发展、生态环境保护、乡风文明建设、农村弱势群体关爱等”。虽然这些社会力量和各方人才积极投身乡村建设的机制还需要进一步完善，但是只有让全社会关注农村发展、投身农村发展，乡村振兴计划才能落到实处。

农民是农业农村发展的主体，也是实施乡村振兴战略的主体。培养造就一支懂农业、爱农村、爱农民的“三农”工作队伍，吸引各类优秀人才投身农村农业发展，真正把人才凝聚起来，形成人才队伍优势，真正做农民群众的贴心人。

延伸阅读

1. 中共中央党史和文献研究院：《十九大以来重要文献选编》（上），中央文献出版社 2019 年版。

2. 习近平：《在全国组织工作会议上的讲话》，人民出版社 2018 版。

3. 韩俊：《实施乡村振兴战略五十题》，人民出版社 2018 年版。

深度思考

1. 党的十九大提出实施乡村振兴战略，进一步体现了党对农村工作的高度重视。为什么乡村振兴须重视“三农”工作队伍建设？

2. 各级党委和政府主要负责人应当懂“三农”、会抓“三农”，分管负责人应当成为抓“三农”的行家里手。加强农村工作干部队伍的培养、配备、管理、使用，健全培养锻炼制度，选派优秀干部到县乡挂职任职、到村担任驻村第一书记，把到农村一线工作锻炼、干事创业作为培养干部的重要途径，注重提拔使用实绩优秀的农村工作干部。那么，在加强“三农”工作队伍建设中，如何培养新时代合格的乡村基层干部队伍？

3. 以农村基层党组织建设为主线，突出政治功能，提升组织力，把农村基层党组织建成宣传党的主张、贯彻党的决定、领导基层治理、团结动员群众、推动改革发展的坚强战斗堡垒。那么，加强农村基层党组织对乡村振兴的全面领导，应当如何加强农村基层党组织带头人队伍建设？

第三章

大力培育新型职业农民

产业兴旺是乡村振兴的基石，培育新型职业农民就是培育产业振兴的骨干力量、培育中国农业的未来。习近平总书记指出，就地培养更多爱农业、懂技术、善经营的新型职业农民，这为当前我国农业和农村发展指明了一条新思路、新举措。《“十三五”全国新型职业农民培育发展规划》明确提出提高新型职业农民培育的针对性、增强新型职业农民培育的有效性、加强新型职业农民培育的规范性、提升新型职业农民的发展能力等主要任务。2019 年 4 月底，农业农村部正式启动职业农民培育三年提质增效行动，推动职业农民培育转型升级，全面提升质量效能，服务乡村振兴战略实施。三年提质增效行动旨在推动职业农民培育转型升级，提升质量效能，由注重数量全面转向数量质量并重转变，并将凝聚多部门合力，发挥多渠道资源作用。主要聚焦四项重点任务：一是深入实施培育工程，逐步实现所有农业县市区全覆盖；二是推动制度建设，留住、吸引、储备更多高素质劳动者投身农业；三是强化培育体系，统筹农广校、农业院校等资源，健全完善“专门机构 + 多方资源 + 市场主体”培育体系；四是搭建发展平台，为职业农民成长发展提供更好的支持服务。

“十三五”新型职业农民培育发展主要指标				
指　标	2015 年	2020 年	年均增长	指标属性
新型职业农民队伍数量	1272 万	2000 万	146 万	预期性
高中及以上文化程度占比	30%	≥35%	1 个百分点	预期性
现代青年农场主培养数量	1.3 万	≥6.3 万	≥1 万	约束性
农村实用人才带头人培训数量	6.7 万	16.7 万	≥2 万	约束性
农机大会和农机合作社带头人培训数量	示范性培训为主	≥5 万	1 万	约束性
新型农业经营主体带头人培训数量	示范性培训为主	新型农业经营主体带头人基本接受一次培训	≥60 万	预期性
线上教育培训开展情况	试点性开展	完善在线教育平台，开展线上培训的课程不少于总培训课程的 30%；开展线上跟踪服务	≥6%	预期性

资料来源：《“十三五”全国新型职业农民培育发展规划》。

一、全面建立职业农民制度，完善配套政策体系

（一）职业农民制度建设是一项伟大创举

乡村振兴，关键在人。推进农业农村现代化，实现农业强、农村美、农民富，首先要推进人的现代化和农民的职业化。新型职业农民是发展壮大新型农业经营主体，构建农业社会化服务体系的重要力量，对于推动农村创新创业，促进一二三产业融合发展，带动小农户发展现代农业具有重要意义。培育新型职业农民是解决“谁来种地”“如何种好地”问题的根本途径，是深化农村改革、构建新型农业经营体系的关键举措，是统筹城乡发展、实现全面建成小康社会的重要保障。

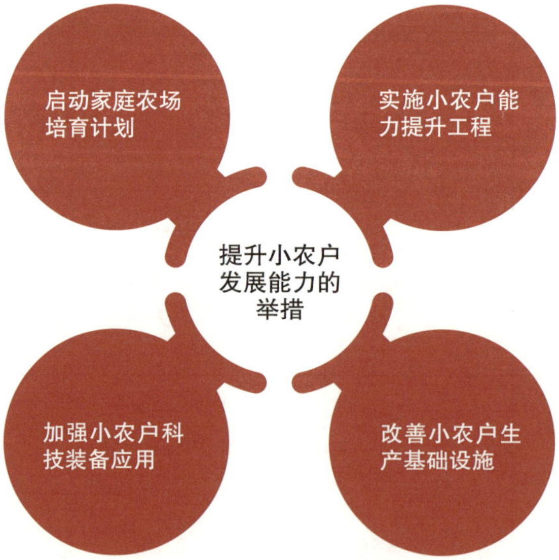

提升小农户发展能力的举措

2018 年 2 月 5 日，国务院新闻办公室就《中共中央 国务院关于实施乡村振兴战略的意见》有关情况举行的发布会上，中央农村工作领导小组办公室原副主任吴宏耀在接受记者提问时表示，乡村振兴离不开资源的投入，也离不开要素的聚集，所以要通过改革打破乡村人才单向流入城市的格局，打通进城与下乡的通道，积极引导、吸引更多的城市要素，包括资金、管理、人才等向乡村流动。这明确说明了乡村振兴不但需要资金，在实际推动过程中还缺“人”。要完成乡村振兴这个宏大战略，就要汇聚全社会的力量，强化乡村振兴的人才支撑，把人力资源开发放在首位，这需要做好两个方面的工作：一方面，要培养造就一支懂农业、爱农村、爱农民的“三农”工作队伍，要培育新型职业农民和乡土人才；另一方面，要以更加开放的胸襟引来人才，用更加优惠的政策留住人才，用共建共享的机制用好人才。①

农民职业制度化，是社会生产力发展到一定阶段，社会生产关系所面临的重大变革，是农民自身发展的需要，是实施乡村振兴战略的使命要求。职业农民给农业、农村、农民带来的变化是深刻的，承载了我国农业的希望和未来。一是职业农民通过生产经营，可获得较大经济效益，为更大规模、更高品质发展现代农业蓄积能量，极大地改变农村面貌；二是根据带动效应，先进的农场还能让大批适龄农民经培训后达到职业农民水平，用少数富裕带动多数富裕；三是职业农民使用现代化农机具能节约劳动力，让更多的农民从土地上解放出来，释放出生产力。

---

① 中央农办:《从五个方面部署实施乡村振兴的人才支撑》，人民网 2018 年 2 月 5 日。

（二）在职业农民制度创设过程中，须着力把握好四个方面

1. 制度基本定位要准确

职业农民制度是农村基本经营制度的补充和完善，是贯彻落实乡村振兴战略、增加制度供给的重大举措，制度应突出强调农民的职业属性，在职业认定、能力发展、政策扶持和社会保障方面作出规范性安排。

2. 制度实施目标要明确

一方面，要畅通城乡间人才要素双向流通的渠道，吸引更多高素质的农业劳动者，壮大职业农民队伍，助力乡村振兴战略；另一方面，要提升农民的职业吸引力，创新乡村人才培育引进机制，形成人才向农村基层一线流动的用人导向，推动产业水平提升，真正让农业成为有奔头的产业，让农民成为有吸引力的职业，让农村成为安居乐业的美丽家园。①

3. 制度涵盖范围要准确

随着生产力和生产关系的不断发展，职业农民的内涵和外延也将是不断变化丰富的。从目的性、群体性、社会性、规范性、稳定性等职业特征来看，当前职业农民主要包括从事适度规模的生产经营者，涉农专业岗位从业人员和社会化服务组织从业人员，主体是种养大户、农场主、农民专业合作社以及专业化服务组织的带头人、农业企业的骨干等。参照发达地区的经验，按照将来 18 亿亩耕地的 80% 实现适度规模经营来

① 李波：《新型职业农民培育和发展》，《2018 年全国新型职业农民发展论坛》2018 年 10 月 27 日

进行测算，那么职业农民的总体规模大约需要5000万人，全面建立职业农民制度，应当基本涵盖这个群体。通过提升其综合素质、生产技能和经营能力，形成覆盖广泛的职业支持保障机制。①

4. 内涵把握要全面

职业农民制度作为一项开创性制度建设，应涵盖职业农民遴选、培养、发展全过程。同时按照乡村振兴战略部署安排，因地制宜，贯穿乡村振兴始终，逐步在全国范围推行普遍性的制度安排，并最终作为一项农村基本制度长期存在，这既需要着眼于现实需要，也要立足于长远，把握规律与趋势。

（三）职业农民制度框架建设

《乡村振兴战略规划（2018—2022年）》明确提出实行更加积极、更加开放、更加有效的人才政策，推动农村人才振兴，让各类人才在农村大施所能、大展才华、大显身手。全面建立职业农民制度，是培育职业农民的首要任务。结合近年来实践探索和国外的有关做法，职业农民制度框架可以基本概括为“一明确，两建立，三到位”，即“明确职业属性和分类，推动由农民户籍身份向职业身份转变；建立职业制度体系，建立职业能力提升通道；确保定向扶持政策到位，保险福利保障到位，制度实施配套到位”。重点应包括六大任务。②

①②李波：《新型职业农民培育和发展》，《2018年全国新型职业农民发展论坛》2018年10月27日。

1. 构建职业农民职业分类体系

根据《国家职业分类大典》关于职业分类标准和职业特征基本要求，明确职业农民的分类标准。对现有行业领域进行创新，新增有关职业农民群体中的职业岗位或者工种，并将其纳入国家的职业资格的目录，真正建立面向城乡劳动者的职业体系。

2. 开展农民职业认定评价

大力培养新型职业农民和农村实用人才，是党中央、国务院为加快农业农村发展，解决“谁来种地、怎样种好地”问题而提出的一项战略决策。为切实做好新型职业农民培育工作，农业部于 2012 年启动新型职业农民培育试点，探索建立教育培训、认定管理、政策扶持“三位一体”培育制度，着力培养有文化、懂技术、会经营的新型职业农民，取得了积极成效。认定工作是衔接教育培训和政策扶持的关键环节，有利于引导新型职业农民和农村实用人才接受教育培训，有利于落实新型职业农民和农村实用人才扶持政策，有利于培养和壮大新型职业农民和农村实用人才队伍。开展新型职业农民认定工作应坚持的原则是：政府主导，农民自愿；突出重点，统筹推进；因地制宜，分类认定。针对各类职业农民职业资格标准和要求，对具有较高文化素质和农业生产经营管理技能的现代农业从业者，按照准入水平评价和登记注册等方式，开展职业农民认定工作。①

3. 提升新型职业农民的发展能力

（1）加强跟踪指导服务　依托新型职业农民培育工程项目，组织培

① 李波：《新型职业农民培育和发展》，《2018 年全国新型职业农民发展论坛》2018 年 10 月 27 日。

训机构和实训基地对新型职业农民培育对象开展一个生产周期的跟踪指导；推动农技推广机构、农业科研院所、涉农院校等公益性机构将定向服务新型职业农民纳入绩效考核内容，建立跟踪服务长效机制；支持新型农业经营主体和农业社会化服务组织面向新型职业农民开展市场化服务。

（2）鼓励交流合作　总结各地新型职业农民自发组建合作组织和开展交流合作的经验，支持新型职业农民在产业发展、生产服务、营销促销等方面开展联合与合作，加强对新型职业农民协会、联合会、创业联盟等组织的指导和服务，帮助健全管理制度、完善运行机制，促进职业农民共同发展。鼓励支持新型职业农民参加多种形式的展览展示、创新创业项目路演和技术技能比赛。

4. 推动职业农民就业创业

推动建立面向城乡劳动者的就业制度，拓宽农村就业创业空间，制定促进就业政策，建立精准台账，开发就业岗位；在产业发展基础条件、金融保险、金融保障、税费减免等方面给予扶持，支持职业农民创新创业；建设农民工创业园、农村基层就业服务平台、公共实训基地等载体，形成新主体、新就业的良性循环。

5. 衔接社会保障和福利

毋庸讳言，新型职业农民队伍建设还面临不少困难。农村劳动力特别是青壮年劳动力留农务农的内生动力总体不足，新型职业农民队伍发展面临基础不牢、人员不稳定等问题。由于农民身份的限制，加上长期以来农村基础设施条件较差，教育、医疗等公共服务欠缺，使得有能力的青年大多想“跳出农门”。要对新型职业农民给予更多关怀，支持其享受创新创业扶持政策，包括产业扶持、财政补贴、金融保险、人才奖励激励等政策措施。有条件的地方，要支持新型职业农民参加城镇职工养老、医疗等社会保障制度，解决其后顾之忧。

6. 强化制度的实施保障

（1）加强组织领导　进一步完善党委政府领导，农业农村部门牵头，教育、人力资源社会保障、财政等相关部门密切配合的工作机制，形成培育新型职业农民的合力。各级农业部门要把新型职业农民培育放在农业农村经济工作的突出位置，“一把手”抓“第一资源”，分管领导要具体抓，明确责任人、制定路线图、确定时间表，层层抓好落实。

（2）加大支持力度　树立人才投资优先理念，建立健全政府主导的多元化投入机制。中央财政继续通过专项补助支持新型职业农民培育工作，各地也要加大投入，提高标准，实行差异化补助。要建立公益性农民培养制度，推动农民职业教育纳入国家职业教育助学政策范畴，鼓励农民通过“半农半读”等方式就地就近接受职业教育。争取地方发展改革委等部门支持，将新型职业农民培育信息化条件建设列入基本建设规划，改善教育培训条件，提升教育培训能力。综合运用项目、信贷、保险、税收等政策工具，引导各类社会力量参与新型职业农民培育工作。

（3）强化督导考核　各地要将新型职业农民培育纳入农业现代化和粮食安全省长责任制、“菜篮子”市长负责制考核指标体系，建立工作督导制度，强化分类指导。制定新型职业农民培育工程项目绩效考核指标体系，建立中央对省、省对市县绩效考评机制，将培育对象的满意度作为考核的重要指标，采用信息化手段开展满意度考核。强化考评结果应用，当年考评结果和下年度任务资金安排直接挂钩。

（4）加大激励宣传　加大对新型职业农民的奖励激励和典型宣传力度，继续开展“全国十佳农民”“风鹏行动——新型职业农民”“全国农村青年致富带头人”“优秀农村实用人才”“全国农村创业创新优秀带头人”等评选资助活动，鼓励农业企业等市场主体对新型职业农民提供资助和服务。要及时总结各地的实践探索，形成一批好经验、好典型、好模式，树立发展标杆，充分利用广播、电视、报刊等传统媒体以及网络、微信、微博等新媒体，加大宣传力度，发挥示范带动作用，努力营造全社会关心支持新型职业农民发展的良好氛围。

专家观点

新型农业经营主体培育和发展

习近平总书记指出，解决好“谁来种地”的问题，核心是要解决好人的问题。今后，我国农业从业主体，从组织形态上来看，主要有家庭农场、专业大户、合作社、龙头企业，还有一些社会化的服务组织。从个体形态来看，就是新型职业农民。我们只有加快打造一支爱农业、懂技术、善经营的新型职业农民队伍，现代农业的发展和乡村振兴，才能呈现出一番新的天地。

培育谁的问题是一个基础性的问题，在培育对象上，总体上看要选择那些既有愿望又有能力的人，既有愿望又有能力承担起新型职业农民这个岗位要求或者职责要求的人。如果我们选择的一些人，只有愿望，而不具备基本的能力，可能我们的培育就达不到预期的效果。反过来说，如果他有能力，但没有愿望留在农村，那么我们硬拉他来培训，也可能就没有效果。所以在培育对象上，要有的放矢，聚焦重点。我认为主要有五类群体。

第一类群体就是在农村中有知识、有头脑、有热情，投身于乡村发展的农村青壮年。他们的祖辈、父辈都长期在农村生活，对农业农村有一定感情，这个群体是我们培育职业农民的最基本的力量。

第二类群体我认为是农村的能人队伍、能人群体，包括农村"两委"干部、种田能手、养殖专业户、农村经理人、农机手等。这一类农村能人群体，他们生活在农村，工作和农村的工作密切相关，有一技之长，是农村留得下、稳得住、有影响的群体。

第三类群体我认为是返乡农民工。改革开放以来，我们一批又一批农民进城入厂，在为我们国家经济和社会发展作出巨大贡献的同时，他们也增长了才干，开阔了眼界，积累了经验和一定的财富。在经历了城市务工过程中的酸甜苦辣以后，一旦他们选择了返乡创业，我认为他们将是最有条件，也最踏实的一个群体，将是职业化农民的核心力量。据 2018 年 4 月农业农村部统计的数量来看，目前返乡创业农民工已经达到 740 万人左右。

第四类群体我认为是农业院校的大中专毕业生。他们接受了比较系统、完整的专业教育，随着农村人居环境改善，乡村振兴扶持政策的逐步落地，以及人们从业观念的改变，农村大有作为的广阔天地，将是他们施展才华的舞台。这几年，一部分农业院校的大中专毕业生，毕业以后返乡创业比例越来越高。

第五类群体我认为是外来人才。部分外来城市人口，他们秉持生态农业理念，运用互联网思维，发展规模生产性服务业以及农产品电商等，致力于提供一些安全的高品质的农产品，这将成为职业化农民的新型群体。

这五类不同的职业化的农民，实际上适用于不同的行业和领域，有各自的特性和不同的培育模式。当前和今后应该聚焦以上五类群体，着力培育一大批职业化的实用人才和管理型人才，这是我讲的第一个观点，应该聚焦五类群体，进行培育。

——农业农村部农村合作经济指导司司长　张天佐

二、实施新型职业农民培育工程，创新培训形式

（一）深入实施新型职业农民培育工程

中央高度重视新型职业农民培育工作。2012 年以来，中央连续多个一号文件，以及中央办公厅、国务院办公厅多个重要文件，都对职业农民培育作出了全面部署，特别是 2016 年中央一号文件单列一项，强调要“将职业农民培育纳入国家教育培训发展规划，基本形成职业农民教育培训体系，把职业农民培养成建设现代农业的主导力量”。2018 年中央一号文件提出，要实施新型职业农民培育工程，全面建立职业农民制度，完善配套政策体系。2019 年中央一号文件再次强调实施新型职业农民培育工程。《“十三五”全国新型职业农民培育发展规划》也明确提出推进教育培训、规范管理和政策扶持“三位一体”制

度建设。这些一号文件及相关政策强化了新型职业农民培育工作在农业发展中所处的战略地位，为我们加快培育新型职业农民指明了方向、提供了遵循。

1. 提高新型职业农民培育的针对性

开展新型职业农民培育应从“问需”入手，面向农民群体及其市场需求，想方设法提供多样化、高质量的教育培训服务。以“订单模式”来研发面向用户需求的定向性、小范围业务培训模块，推出灵活多变、针对性强的教育培训项目，开展面向一线生产与经营管理实际问题的项目培训与人员教育。[①] 培育新型职业农民应拓宽培育途径、创新培育机制，应支持新型职业农民通过弹性学制参加中高等农业职业教育，鼓励农民专业合作社、专业技术协会、龙头企业等组织和机构承担培训职能，帮助农业园区、农业企业建立新型职业农民实习实训基地和创业孵化基地。同时，还应逐步建立完善职业农民注册、信息档案登记等制度，以便对其进行管理、培训和支持。

2. 突出农民教育培训的政治性

在培训内容上，要突出把理想信念教育、红色教育和道德教育作为教育培训的必修课。将培育与学习宣传贯彻党的“三农”政策密切结合起来，围绕实施乡村振兴战略和打赢脱贫攻坚战等内容，广泛宣传党的十九大精神和习近平总书记“三农”思想，深入解读乡村振兴战略的目标、内涵和要求，让党的强农惠农富农政策走进广大农村、落实到千家万户，让农民增添发展干劲。在教学安排上，注重实际、实用、实训，

① 明海英：《培育新型职业农民》，中国社会科学网 2018 年 8 月 22 日。

不要把现场实践教学搞成乡村休闲旅游、游山玩水，也不能让培训班成为企业借机推销农资、营销自己的平台。

3. 千方百计提高培训质量

当前，农民教育培训工作要研究解决的突出问题，就是基层重视不够，针对性、实效性不强，培训质量不高，培训管理难度大等，学与做脱节，搞形式、走过场等问题。这就要求我们要把握农民教育培训的特点和规律，积极改进方式方法，增强吸引力，提高针对性、实效性。比如，要坚持按需施教，针对不同产业的学员特点，统筹共性要求和个人需求，实施差别化、精准化培训。再比如，要创新培训形式，加大实训式、分段式、案例式、体验式教学力度，少些满堂灌、多些互动交流，善于用大白话讲大道理，用农民语言讲解农业技术，让农民启发思考、产生共鸣。

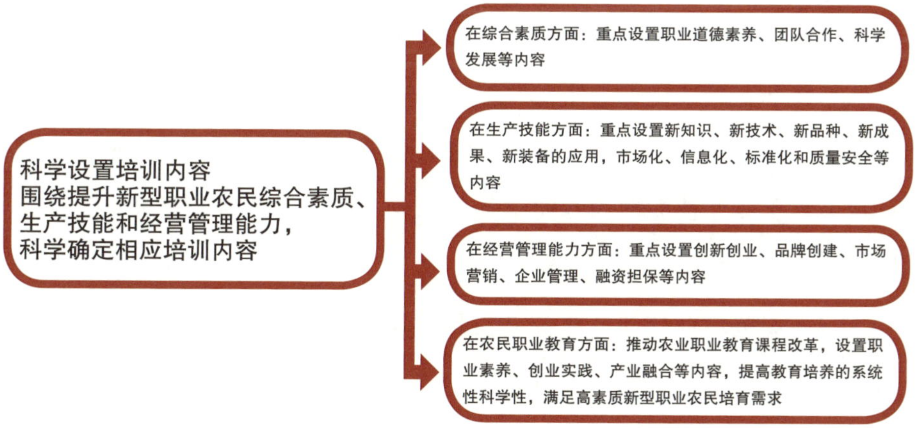

科学设置围绕提升新型职业农民素质的培训内容

4. 加强新型职业农民培育的规范性

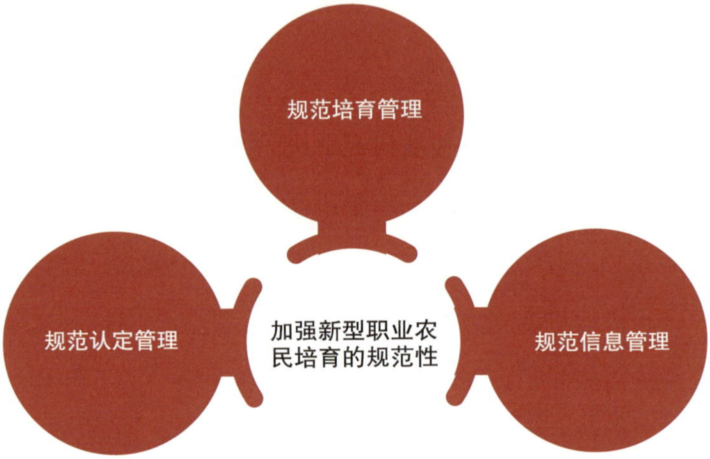

加强新型职业农民培育的规范性

（1）规范认定管理　原则上由县级（含）以上人民政府制定认定管理办法，主要认定生产经营型职业农民，以职业素养、教育培训情况、知识技能水平、生产经营规模和生产经营效益等为参考要素，明确认定条件和标准，开展认定工作。有条件的地方可探索建立按初、中、高三个等级开展分级认定。要充分尊重农民意愿，不得强制或限制农民参加认定。对于专业技能型和专业服务型职业农民，鼓励参加国家职业技能鉴定。

（2）规范培育管理　在各级农业行政主管部门的领导下，依托农民科技教育培训中心（农业广播电视学校）等专门组织管理机构，搭建新型职业农民培育工作基础平台，做好需求调研、培育对象遴选、培育计划和方案编制、认定管理事务、数据库信息维护和培训标准编制、师资库建设、教材开发、绩效评估等基础工作，连接多种资源和市场主体，对接跟踪服务和政策扶持，提高培育工作的专业化、规范化水平。比如，要积极推进规范化建设。一是规范教学流程，从学员遴选到培训需求调研，从教学组织到教学效果评估，建立一套科学系统的工作标准和操作规范；二是规范师资建设，建立适合不同产业、不同类别农民教育培训要求的师资队伍，完善选聘、培养、管理、考核办法，建立健全共建共享、动态管理的农民教育培训师资库；三是规范课程建设，提出课堂讲授、现场教学、网络教学的课程建设标准，注重开发富有时代特征、实践特色、简明管用的精品课程；四是规范经费使用，严格执行农民教育培训经费使用有关规定。

（3）规范信息管理　完善新型职业农民信息管理系统，健全新型职业农民培育信息档案和数据库，及时录入基本情况、教育培训、产业发展、政策扶持等信息，并根据年度变化情况及时更新相关信息，提高新型职业农民信息采集、申报审核、过程监控、在线考核等信息化管理服务水平。各地可结合实际，积极探索新型职业农民注册登记制度，鼓励新型职业农民到当地农业部门注册登记，建立新型职业农民队伍动态管理机制。

知识链接

“1+X 证书”制度

“1+X 证书”制度是“学历证书 + 若干职业技能等级证书”制度的简称。学校教育全面贯彻党的教育方针，落实立德树人根本任务，是培养德智体美劳全面发展的高素质劳动者和技术技能人才的主渠道，学历证书全面反映学校教育的人才培养质量，在国家人力资源开发中起着不可或缺的基础性作用。职业技能等级证书是毕业生、社会成员职业技能水平的凭证，反映职业活动和个人职业生涯发展所需要的综合能力。职业技能等级证书以社会需求、企业岗位（群）需求和职业技能等级标准为依据，对学习者职业技能进行综合评价，如实反映学习者职业技术能力，证书分为初级、中级、高级。

2019 年 4 月，教育部等四部门联合印发的《关于在院校实施“学历证书＋若干职业技能等级证书”制度试点方案》对“学历证书＋若干职业技能等级证书”制度试点工作的总体要求、试点内容、试点范围及进度安排、组织实施等作出了具体要求。把学历证书与职业技能等级证书结合起来，探索实施“1+X 证书”制度，是《国家职业教育改革实施方案》的重要改革部署，也是重大创新。“职教 20 条”明确提出：深化复合型技术技能人才培养培训模式改革，借鉴国际职业教育培训普遍做法，制订工作方案和具体管理办法，启动“1+X 证书”制度试点工作。

（二）创新培育方式，提升培育质量

1. 整合资源，成立职业农民培育学院

新型职业农民培育工作是一项系统工程，需要构建政府主导、部门协作、统筹安排、产业带动的农民教育培训体系。整合农业、农经、人社、组织、妇联、共青团、扶贫、工会等部门的涉农培训资源，建立培

育联盟，创新职业农民培育基础平台“1+N+X”模式，以相关高等职业学校为主体，成立职业农民培育学院，在政府的领导和省市农业、教育主管部门指导下，负责统筹规划、综合协调、模式研究、教材编写、学分认定、服务指导和组织实施新型职业农民培育项目、农民高等职业教育以及部分专业的农民中等职业教育工作；以各县区农广校或县级成人中心校为分院，承担省级新型职业农民培训项目和农民中等职业教育工作；以乡镇成人校或县区农广校为办学点，在各县区建立若干教学基地，将这些基地建设成为农民身边的田间学校，形成专业共设、师资共建、学员共选、基地共用、资源共享、优势互补的分类分层分级培育格局，达到由下向上输送优质学员、由上向下辐射师资技术的良性循环。

2. 出台政策，加强农民学习成果补贴

新型职业农民中高等职业教育采取集中教学与个人自学相结合，课堂教学与生产实践相结合，远程教育与现场指导相结合，半脱产学习与短期脱产学习相结合等方式。课时要求上，既要考虑到农民职业教育的特点，认可农民的学习培训经历、生产技能等，可以折抵学分；又要把实验实习、专业见习、技能实训、岗位实践等多种实践学习方式均纳入学时认可范围。为鼓励农民接受中高等职业教育，减轻其误工损失和交通、餐饮等经济负担，对于认定学分实行农民学习成果补贴。学校成立由督导室、监察室、财务处、成教处、学生处以及相关系部人员组成的学分认定工作小组，出台学分认定管理办法，安排专人负责收集整理学分认定申报材料。坚持公开、公正、公平的原则，对接受新型职业农民中高等职业教育的学员进行真实性认定，在每学期开学一个月内将学员名单、相关信息以及认定情况在学员所在村、学校及学校网站进行不少于 5 个工作日的公示。

知识链接

新时代新型职业农民队伍呈现新特点

报告显示，我国新型职业农民队伍规模不断扩大，2017 年全国新型职业农民总量已突破 1500 万人，占第三次全国农业普查农业生产经营人员总量的 4.78%。其中，45 岁及以下的新型职业农民占 54.35%，高中及以上文化程度的新型职业农民占 30.34%，较以往均有所提高，新型职业农民年龄结构正在优化，受教育程度逐步提升。这意味着，新型职业农民发展质量也显著提升。

值得注意的是，报告显示，新型职业农民的作用发挥十分明显。68.79% 的新型职业农民对周边农户起到辐射带动作用，平均每个新型职业农民带动 30 户农民。他们大力推广运用新理念、新技术、新装备，积极创办、壮大新型农业经营主体，创新发展新产业、新业态、新模式，主动联系、对接小农户，引领、带动贫困农民脱贫致富，已成为农业农村经济发展和乡村人才振兴的突出亮点。

新型职业农民呈现“五高”特点：

来源多元化程度高，40.6% 的新型职业农民为务工返乡人员、退伍军人、科技研发推广人员、大中专毕业生等新生力量。

规模化经营程度高，51.6% 的新型职业农民销售农产品总额达到 10 万元以上，31.2% 的新型职业农民的土地经营规模超过 100 亩。

农业绿色发展水平高，70% 以上的新型职业农民实现了畜禽粪便、秸秆和农膜的资源化利用。

互联网利用程度高，70% 的新型职业农民通过手机进行农业生产销售。

农业经营纯收入比较高，2017 年新型职业农民的人均农业经营纯收入达到 2.78 万元，27.7% 的新型职业农民人均农业经营纯收入超过城镇居民人均可支配收入。

——摘选自《2017 年全国新型职业农民发展报告》

（三）创新新型职业农民培育模式

党的十八大以来，各级党委和政府及相关机构在新型职业农民教育培训、规范管理和政策扶持等方面进行了探索实践，形成了一批典型有效的新型职业农民培育模式，如产教融合校社（村、园）联动型、创业兴业推动型、农民学院“七位一体”型、校地联动教产衔接型和青年农场主培养型。探索职业农民培育路径，完善总结新型职业农业培育模式，即“理论授课、网络辅导、基地实训、认定管理、帮扶指导、扶持发展”。可以将现代农业园区、农民专业合作社、农业龙头企业等新型经营主体的骨干和负责人打造成职业农民的领军群体；可以将具备职业农民雏形的种养大户通过系统教育培训转化为职业农民的核心群体；可以将农业大中专院校的毕业生、回乡青年通过培育，扶持发展成为职业农民的新生群体。

典型案例

定西市创新新型职业农民培育模式

2014年农业部正式启动实施新型职业农民培训工程，甘肃省定西市按照国家、省市的统一部署，全面开展新型职业农民培训工作，取得了一定的成效。2016年定西市农广校实施了“新型经营主体带头人轮训”项目，培训新型经营主体带头人50人，在项目实施中，市农广校在总结往年各县（区）校成功经验的基础上，学习外地好的模式，不断创新，总结出了一套适合定西市的培训模式，带动全市新型职业农民培训迈上新台阶。在新型职业农民培育模式方面，进行了创新，总结出了“32221”新模式，即“3个精准、2个突出、2个结合、2个严格、1个平台”。

“3个精准”，即“培育对象精准、培训内容精准、授课教师精准”。“培育对象精准”就是要把有一定产业基础、急需发展壮大、愿意参加学习培训的人选出来；“培训内容精准”就是结合学员基本情况、学习的需求设置课程、选定培训内容；“授课教师精准”就是结合授课内容聘请省内理论和实践水平较高的专家授课。

“2个突出”，即“突出提升思想素质、突出转变经营理念”。“突出提升农民思想素质”课程以创建美丽乡村、农村犯罪预防、农村禁毒、关爱留守儿童等为主要内容；“突出转变经营理念”主要以合作社管理、产品销售、社会化服务、合作社建设、经营项目选择为内容，讲授农民从事现代农业生产经营中所需掌握的现代农业新型农业经营体系、市场营销、农产品质量安全、农业生态环境等方面的知识。

“2个结合”，即“教师讲授与课堂互动相结合、集中理论学习与参观实践相结合”。“教师讲授与课堂互动相结合”就是改变传统的“填鸭式、满堂灌”的被动培训方式为学员主动求教的“课堂互动教学”模式；“集中理论学习与参观实践相结合”就是在先通过集中理论培训提升基本素质的前提下，观摩先进地区的农业园区、种植基地，学习先进的管理模式、先进的栽培技术，解放思想、转变观念，让学员在思想深处产生触动，打破条条框框的束缚，主动求变，主动求学。

“2个严格”，即“授课教师要求严格、参训学员管理严格”。“授课教师要求严格”就是要求授课教师严格按培训内容、学员需求备课，制作培训课件，内容丰富、形象生动，杜绝以往“一本课件讲到老”的现象；“参训学员管理严格”就是参训学员严格按照班级管理制度、班主任管理制度进行严格管理，严明培训班纪律，提升安全意识。

“1个平台”，即“班级微信平台”。该平台将授课教师和所有参训学员纳入微信群进行管理，及时发布国家相关涉农惠农政策和新型职业农民培育工作相关政策动态，及时解答学员学习生产生活中存在的各类问题，确保学员离校不离训。

（中国农业信息网2017年6月19日）

三、鼓励各地开展职业农民职称评定试点

（一）“身份”到“职业”的转变

农民，一场由“身份”到“职业”的变革，正在潜移默化地进行。中共中央、国务院印发的《乡村振兴战略规划（2018—2022年）》明确提出深化农业系列职称制度改革，鼓励各地开展职业农民职称评定试点。2018年以来，山东、江西、浙江等地纷纷出台政策，把面向事业单位技术人员的职称评价体系拓展到新型职业农民。通过职称评定，激发农民的创造性、创新性，让“职称农民”大有作为。

职称是评价一个人是不是人才，是哪一领域、哪一级别人才的重要标志。但在过去，农业战线上的“土专家”评不了高级职称并非个案。究其原因，一方面，许多农民是个体户，没有挂靠单位，不少农民对职称评定反应冷淡；另一方面，国家人才评价体系在农业领域中缺乏系统性、针对性、精准性，对农民职称评价缺乏抓手。[①]

在互联网、人工智能背景下，特色小镇、观光农业、生态旅游等快速崛起，加上高铁建设拉动了偏远落后地区的经济发展，这些都在把农民多少年来沉淀在心中尚未开发的智慧潜力激发出来。从事农业生产经营，同样需要知识和专业技能。打通职业农民评定职称的渠道，能够激发农民认识自身在经济发展过程中的价值，增强他们的专业感，进而提升社会对职业农民的认知，增强具有专业性的新型农民的职业自信。这将对一二三产业融合发展具有巨大的拉动效应。

① 韩秉志：《各地农民职称评定政策纷纷破冰 “土专家”“田秀才”要换真头衔》，《经济日报》2018年10月17日。

（二）突出产业特色、能力业绩，破除多道“门槛”

随着新型职业农民群体不断壮大，职业农民职称评定的作用也越来越明显。但此前，新型职业农民参与农业高级职称评审通过并取得证书的极少。其评价主要是通过职业技能鉴定并取得职业技能证书，以生产类、单项技能评价为主，如植保工、园艺工等。新型职业农民评定工作，应注意以下问题。

明确参评范围，突出产业特色。职业农民职称专业类别、等级设置、名称及申报资格条件力求切合本地农业产业发展、农村实用人才队伍状况实际。初步开展初级、中级职称评定，名称分别为农民助理农艺师、农民农艺师。评定对象主要是种养大户、家庭农场、农民合作社、农业企业及农业社会化服务组织中从事农业专业技术工作的骨干人员。评定专业上突出特色，包括种植、养殖、农产品加工等，重点对作物蔬菜、经济林果、畜禽养殖、水产养殖、农产品加工等特色农业专业开展评定。

明确评价条件，突出能力业绩。针对职业农民受教育经历长短不一、但长期精心从事农业生产经营的实际，放宽申报硬性条件，破除唯学历论文论，坚持能力业绩导向，重点考察业绩贡献、技术水平、经济社会效益和示范带动作用等。建立职称评审绿色通道，对确有特殊专长、示范带动能力强、业绩贡献突出、获得县级以上与农业相关荣誉称号的人员，不受资历等条件限制，可直接申报中级职称。

各地如何对职业农民开展评选？一些地方通过着手修订农业系列职称评审条件，建立适用于新型职业农民的职称评价体系，打破“唯学历、唯资历、唯论文”论，强化业绩导向，更加注重“把论文写在大地上”，将技术工作方案或总结、项目设计或实施方案、分析评估报告、示范试验报告等技术成果，以及对农户的带动效应和取得的经济社会效益作为评价的重要内容。例如，浙江省的做法是淡化职称论文数量要求，明确专题报告、发展规划、技术方案、试验报告等经有关部门认可采纳的可视同论文，并在科技奖励、发明专利、技术荣誉、表彰奖励等方面设立破格的绿色通道。

（三）创新评定形式，完善激励政策

创新评定形式，突出工作质量。发挥行业主管部门在职称评定中的作用，由各级农业局设立评委会具体负责实施工作，以此推进职称“业内评价”。评审委员会成员则由熟悉农业和农村经济社会发展情况，具有较高专业技术水平的人员担任。职称评定将采取实地考察、业绩展示、测试答辩和综合评议相结合的方式进行，切实提高评定结果的科学性和公信力。许多农民最关心的是评职称之后有哪些好处。地方政策可探索鼓励措施，对获得职称的职业农民，优先提供信息技术、融资支持、产品推介服务，优先安排学习培训，优先获得财政资金支持项目、政策补贴等。[①]

知识链接

创业孵化基地

创业孵化，形容词。一个可以能给创业成功的“蛋”提供一定的条件，让它“孵出”并长大，给创业者提供这些条件的平台

---

① 韩秉志：《各地农民职称评定政策纷纷破冰 “土专家”“土秀才”要换真头衔》，《经济日报》2018 年 10 月 17 日。

可以称为创业孵化基地。

创业孵化基地是指经市级及市级以上主管部门认定的科技孵化器、重点产业集群创业基地、中小企业创业（辅助）基地、创业孵化基地，是政府为创业者搭建的制度性、智能化的服务平台，为新创办的小企业提供有利于存活、发展的服务环境和空间环境的公益性服务。进入创业孵化基地的创业者，可以得到低成本或无成本的各种服务，化解创业风险。

创业孵化基地总体划分为四大功能区：创业孵化区、项目展示区、创业培训区和综合服务区。基地通过政策聚焦，汇聚社会资源，在创业文化、创业培训、创业指导、创业资金等优质资源的支持下为创业者提供最专业、最全面的创业服务。

完善激励政策，突出服务管理。本着“服务为主，程序简化”的原则，职业农民职称评定将简化表格填写和证明材料提报。为了激励职业农民，增加职业农民职称政策的吸引力和“含金量”。职业农民参加职称评定不仅不收取任何费用，而且还给予一定物质奖励，对取得初级、中级职称的个人，分别给予相应的一次性补助。新型农业经营主体，取得职业农民职称的人员达到一定比例的，可优先认定为一定级别的示范合作社、家庭农场、农业产业化重点龙头企业。取得职业农民职称的人员在获取项目、资金、政策等扶持方面，在参加培训、推优评先、发展党员、选拔村干部等方面都享有优先权。为确保权利与义务对等，明确要求获得职称的个人应承担相关义务，县级农业主管部门专门建立档案，将取得职业农民职称的人员，纳入职业农民培训师资库，切实发挥乡土专家的作用。

培育新型职业农民是转变农业发展方式的有效途径，是促进城乡统筹、社会和谐发展的重大制度创新，有助于全面提高劳动者素质，加快建设现代农业体系。应紧紧围绕推进农业供给侧结构性改革，紧跟发展新形势，满足农民新需求，推进新型职业农民培育再上新台阶，助力乡村振兴战略的实施。

典型案例

靳永生，让土豆豆变成金豆豆

靳永生是青海互助土族自治县西山乡邵代村人，1990 年高中毕业后，对土地深有感情的靳永生选择了在家乡务农。多年在土地上摸爬滚打，靳永生的种植规模却一直不大。“限制自己发展的，其实就是眼界。整天趴在地里，眼睛看到的就是那点儿庄稼，脑子里没有市场，也没有经营。”有了文化的靳永生对以前的自己，有着清醒的认识。2014 年，新型职业农民培育，使靳永生的眼前豁然开朗。由于了解家乡马铃薯优良的品质，他开始搞起了马铃薯规模种植。“以前心里虽然总想着马铃薯，但参加了培育以后，才知道马铃薯不仅仅是马铃薯，它还是致富的金豆豆。”靳永生深有感触。

2014 年，靳永生流转 260 亩土地，开始去追逐自己的致富梦想。当时尽管很辛苦，但收获的喜悦增强了靳永生的信心和勇气。在大家的眼里，每亩能挣几千元钱已经很好了，但靳永生不满足，勤奋好学的他四处找有经验的种植户请教并学以致用，他还订阅了一些科学种田的书籍，认真钻研，遇到难题，就去农广校向老师请教。功夫不负有心人，靳永生种植马铃薯的效益一年比一年好，也积累了十分宝贵的马铃薯种植、存放、销售的经验。乡亲们看到他的收益后，也纷纷开始种植马铃薯等经济作物，靳永生就将自己掌握的种植技术、病虫害防治等知识，毫无保留地传授给需要的群众。他告诉乡亲们，致富必须要依靠科技，必须要走规模化种植的路子。靳永生很看重自己的新型职业农民身份，他说，新型职业农民跟城里上班的人一样，也成了一种职业，不但自己富裕，更是大伙儿增收致富的带头人。

通过马铃薯规模化种植，靳永生带动了全村10户农民流转土地1300多亩，平均每人收入达10万元左右，让土豆豆变成了名副其实的金豆豆。“正是这几年新型职业农民培训，让我们开了眼界、变了观念、练了胆子，我们学习的机会也多了。培训结束后，县农广校还有跟踪服务专家团队，农业科技人员面对面、手把手地对我们进行技术指导。我们有这么多的优势，要更加努力，成为乡村振兴的主力军，让未来农村变得更好，经济发展更快。”靳永生表示。“领头人的作用是什么，就是做给大家看，带着大家干。如果我们培育的每一个新型职业农民都可以带动10个普通农民的话，那在乡村振兴中形成的力量将是不可估量的。”青海省农广校校长马国福说。新型职业农牧民培育，让越来越多的“靳永生们”成长起来了，这支强大的队伍，在振兴乡村的道路上，不仅能推动产业发展，带动农牧民增收致富，还能传播新理念、新的发展思路。

（《青海日报》2019年2月13日）

延伸阅读

1. 陈锡文、罗丹、张征：《中国农村改革40年》，人民出版社2018年版。

2. 张来武等：《第四产业：来自中国农村的探索》，人民出版社2018年版。

3. 徐勇、邓大才：《中国农村调查》，社会科学文献出版社2018年版。

深度思考

1. 乡村振兴，人才是第一资源。推进人才振兴要因地制宜、多措并举，产业界与教育界联手发力，推进乡村振兴，具有强大的优势、巨大的潜力。如何发挥科技与教育优势，加强产业界与教育科技界深度融合，促进农业科技成果转化？

2. 实施乡村振兴战略，农民是主体，人才是关键，需要努力培育造就更多爱农业、懂技术、善经营的新型职业农民。什么是新型职业农民？新型职业农民到底“新”在哪里？

3. 培育新型职业农民是党中央立足我国农业农村发展实际作出的重大战略举措。如何大力培育新型职业农民，切实发挥其在乡村振兴中的主力军作用？

第四章

加强乡村专业人才队伍建设

围绕中心、服务大局，是人才工作的使命和价值所在。中国特色社会主义进入新时代，社会主要矛盾已经转化为人民日益增长的美好生活需要和不平衡不充分的发展之间的矛盾。党的十九大鲜明提出实施乡村振兴战略，强调要坚持农业优先发展，按照产业兴旺、生态宜居、乡风文明、治理有效、生活富裕的总要求，加快推进农业农村现代化，对新时代“三农”工作和农业农村人才工作提出了新的更高要求。

农村专业人才是乡村振兴的新动能，是农村经济发展的领路者、是文化传承的继承者、是生态环境的守护者、是社会秩序的维护者。“懂农业、爱农村、爱农民”是习近平总书记对“三农”工作队伍提出的新要求，也是对农业农村新型专业人才队伍的殷切期望，构成了农业农村专业人才队伍的本色特质和基本要求。贯彻落实党的十九大精神，做好新时代农业农村专业人才工作，要以习近平新时代中国特色社会主义思想为指导，坚持党管人才原则，紧紧围绕实施乡村振兴战略，坚定不移地实施人才强农战略，深入推进农业农村专业人才发展体制机制改革，按照“高端引领、分类开发，示范先行、整体推进”的原则，努力培养造就一支“懂农业、爱农村、爱农民”的农业农村专业人才队伍。[1]

① 毕美家：《着力培养造就一支“懂农业、爱农村、爱农民”的农业农村人才队伍》，《农民日报》2017年11月9日。

一、加大“三农”领域实用专业人才培育力度，提高农村专业人才服务保障能力

农村实用人才是“三农”工作队伍中懂农业、爱农村的主力军，是广大农民中的优秀代表，也是中国人才队伍中的重要组成部分。人才资源是第一资源，是构建和谐社会的重要基础与保证。当前农村专业技术人才相当匮乏，引进难、培养难、留住难的问题日益突出，呈现出青黄不接的“断层现象”，严重地制约了农业科技、农村医疗卫生及文化教育等事业的发展。

（一）健全实用专业人才培养机制，有效提供乡村复合型人才

健全以职业农民为主体的农村实用人才培养支持机制。要组织实施好新型职业农民培育工程，强化能力素质培训、生产经营服务、产业政策扶持等。要加快研究出台新型职业农民扶持政策清单，把强农惠农富农政策与高素质农业生产经营者挂起钩来。要继续完善农村实用人才带头人示范培训机制，把培训内容与培训基地的教学资源特色紧密结合起来，增强培训的针对性、实效性。[①]

健全农村专业人培养机制。一是加快构建满足各类农业人才需求的培养体系。注重各涉农领域人才培养的均衡性，统筹安排好各涉农领域人才的培养。建立“政府主导＋高校＋社会力量”培育模式，由政府主导新型职业农民培育为主，培养不同层次乡村实用人才；涉农高校搭建学历型农村专业人才培育平台，切实培养出更接地气的乡村专业型人才；

① 毕美家:《深刻把握农业农村发展新形势　扎实推进农业农村人才发展体制机制改革》,《农民日报》2017 年 4 月 20 日。

社会力量举办的专业培训机构通过政府购买培训服务的方式，参与到乡村人才培养中来。二是在培养机制建立过程中，注重培养手段的创新。通过建立农村人才培育师资库、调整培训时间、推行农民田间学校等方式，实现培训与需求有效对接。三是针对薄弱环节，强化培养方向的针对性。培养农村经营管理人才，切实提高其经营管理能力、市场开拓意识；培育农业职业经理人队伍，不断提升生产、营销和内部管理等水平。①

（二）构建科学高效的人才发展机制，发挥实用专业人才能力

结合各地实际情况，制定切实可行的农村实用人才资源开发中长期规划和年度计划，量化分解农村实用人才队伍规模、质量、培训、教育、考核等指标。在实践中注重总结经验，完善相关政策措施；要形式多样，加强农村实用人才培训。遵循“大教育、大培训”的理念，按照“实际、实用、实效”的指导思想，紧扣农村林果、大棚蔬菜等特色种植养殖、小杂粮开发、基本农田高效开发利用等领域发展所需，利用县、乡、村三级党校（党员活动室），农村远程教育，中小学校等阵地，对农民进行阵地培训。要组织一批乡村干部、农民群众赴省、市、县、乡各级各类产业开发、龙头企业等先进典型示范基地，进行面对面、“手把手”式的基地培训。

严格把关，开展农村实用人才技术认证工作。把农村实用人才技术职称评审纳入专业技术人员职称评审工作范围。凡是具有一定知识或技能，有专业特长，在促进农村经济社会发展中作出积极贡献，群众公认的农村实用人才，经相关部门考察、考核，评定农民技术职称并由当地党政机关给予相应的资金奖励。要建立农村实用人才技能等级制度，对

① 辽宁省人民政府发展研究中心课题组：《辽宁省实施乡村振兴战略的五大抓手》，《辽宁经济》2018 年第 2 期。

于农村实用人才所从事专业符合技能鉴定要求的，可申请技能鉴定，鉴定合格的由技能鉴定主管部门发给相应的技能等级证书并同时报当地党政机关部门给予相应的经济补贴或物质奖励。通过职称评定、技能鉴定，确实达到标准的再颁发农村实用人才证书，做到农村实用人才持证上岗。

（三）细化资助、扶持相统一的服务机制，服务农村实用人才

要加大对优秀农村实用人才的帮扶资助力度，调动广大农民务农种粮和带领农民群众共同致富的积极性，吸引更多优秀人才到农村创业兴业。一方面，实行项目资助，充分发挥农村实用人才的辐射带动作用。在全国范围内遴选生产技术先进、经营规模适度、生态环境可持续、示范带动作用显著的新型职业农民予以资助，通过资助活动，树立重视农业、尊重农民的良好导向，营造重农抓粮的良好社会氛围，带动周围农村经济发展。另一方面，出台鼓励政策，扶持创业兴业。把强农惠农富农政策与农村实用人才挂起钩、向农村实用人才倾斜，逐步使农业支持保护措施由高素质的劳动者来承担，制定农村产业发展优惠政策，对农村实用人才领办或创办的各类农业经营组织、企业、基地和家庭农场，在项目申报、土地流转、技术培训、学习进修、税收、信贷、市场信息、生产资料等多方面予以支持，吸纳农村富余劳动力就业，增加农民收入，推进农业产业化进程。

（四）重视“用才”，发挥“激励”扶持力度，规范管理农村实用人才

要制定农村实用人才管理办法，确定农村实用人才等级标准，采取群众评议、实地查看、现场提问等多种形式，重点考核农村实用人才的技术水平和实际业绩，严格考核，优胜劣汰，动态管理。考核优秀的予以表彰奖励，考核不合格的应取消农村实用人才资格，注销农村实用人才证书；要建立农村实用人才数据库，对农村实用人才进行登记造册，建立健全省、县、乡、村级农村实用人才台账，按照农村实用人才的专业特长、技术等级分类立档建库；要完善农村实用人才表彰奖励制度，每年应对带领农民群众走向共同富裕道路，并作出突出贡献的农村实用人才，给予适当的表彰和奖励，并形成制度。对作出重大贡献的农村实用人才，及时推荐申报省、市先进评选；要通过各种新闻媒体、大力宣传农村实用人才学习科学、艰苦创业、勇于实践的先进事迹，形成崇尚科学文化、尊重农村实用人才的社会氛围。

要大力提升农村实用人才在农村经济社会发展中的地位和作用，在全社会形成鼓励农村实用人才干事业，支持农村实用人才干成事业，帮助农村实用人才干好事业的良好环境，促使更多的优秀农村实用人才脱颖而出。对于拔尖的农村实用人才，应打破身份的限制，聘请他们到乡镇农业综合服务站担任技术员，指导服务乡镇农村产业开发，充分发挥他们的一技之长，推动当地经济社会事业的发展。同时，对于那些农村实用人才中的社会管理型和经营管理型人才，要切实加强管理和引导，并且有组织、有意识地吸收他们到村“两委”领导班子中来，从而充分发挥他们的引领带动作用，全面推动农村经济发展、科技普及和社会进步。

专家观点

以农民为主体 通过一二三产业融合发展促进乡村振兴

乡村振兴，人才振兴是关键。之所以强调这个问题，是因为农村人口结构老化、治理结构老化。乡村要振兴存在一个很大难题，就是乡村缺人气、缺活力。

要使乡村有活力，必须有人气，有人气就要人才振兴，要把农村人力资源开发放在突出位置。一方面，要培育造就乡土人才，主要是加强新型职业农民培训和农村专业人才队伍建设。另一方面，要引导农民工、复员退伍军人返乡创业，鼓励城市青年到农村创业，并给予税收、信贷优惠等一系列扶持政策。同时，还要鼓励公职人员和退休人员到农村任职或就业创业，发挥“新乡贤”作用，支持乡村振兴，这是一个很有潜力的措施。

——农业农村部农村经济研究中心主任、研究员　宋洪远

二、加强农技推广人才队伍建设，探索公益性和经营性农技推广融合发展机制

农技推广人才是推广转化农业科技成果、开展生产服务的骨干力量，在科技引领农业农村现代化中发挥着桥梁纽带作用。要顺应新型农业经营主体和农业社会化服务组织蓬勃发展的新形势，继续深化基层农技推广体系改革，以农业产业需要、农民群众满意为评价基准，完善基层农

技服务政策，探索建立公益性农技推广队伍与经营性技术服务队伍协调发展的新机制，打通科技下乡“最后一公里”。

（一）规范基层农技推广机构管理体制

基层农技推广机构是政府为普及推广种植业、林业、畜牧业、渔业、水利、农机等行业的科研成果和实用技术，在县乡两级设立的公益一类事业单位，其人员待遇、工作经费等纳入财政预算，实行全额预算管理。乡镇农技推广工作可实行县农口有关部门管理为主或者乡镇政府管理为主、县农口部门业务指导的体制，具体由县级政府确定，同一县域内机构设置的模式应保持一致。实行县农口有关部门管理为主体制的，乡镇农技推广人员要主动参加乡镇各项涉农工作会议，定期向乡镇主管农业的领导请示和汇报业务工作，征询乡镇政府对农技推广工作的意见和要求，对所服务乡镇农业发展和农技推广工作提出意见和建议。实行乡镇政府管理为主体制的，要加大县政府对乡镇政府农业工作的考核权重，确保乡镇农技推广人员主要时间和精力用于农技推广本职工作，切实解决乡镇农技推广人员管理缺位、经费无保障、推广工作行政化等问题。乡镇农技推广机构原则上按乡镇设置，也可跨乡镇按区域设置。

建立农技推广人才轮岗制度。乡镇农技推广工作实行县农口有关部门管理为主体制的，县农口有关部门根据工作需要，优化配置农技推广人力资源，保证农技推广人才在县乡之间、乡乡之间正常流动。

（二）创新完善基层农技推广人才引进培养机制

创新基层农技推广人才引进方式。基层农技推广人才的引进与配备，要综合考虑当地农业产业特点和规模、工作职责和任务、服务对象状况与分布、服务半径与手段、地域范围与交通等因素，且应当具有相应的专业技术水平，符合岗位职责要求。乡镇农技推广机构招聘硕士研究生或副高级职称以上的专业技术人才，可根据实际情况，由县（市、区）组织、人事和农业等部门采取面试、组织考察等方式公开招聘。积极引导相关专业的“三支一扶”大学毕业生到乡镇农技推广机构服务。乡镇农技推广机构在编制和岗位空缺数额内招募“三支一扶”人员，“三支一扶”人员服务满 2 年且考核合格的，采取考核考察的方式公开招聘为乡镇事业单位工作人员；在聘用合同中约定 5 年的最低服务期限（含“三支一扶”计划服务年限），不得再报考“面向服务基层项目人员”招考职位、岗位。

完善基层农技推广人才定向培养机制。每年由省农业厅会同省直农口有关部门、省编办、省教育厅、省财政厅、省人力资源社会保障厅，依托省内高等院校，免学费定向培养一定数量的基层农技推广本科、专科生，加大向贫困地区倾斜力度。定向培养生的学费由省财政承担。

（三）健全基层农技推广人才服务保障机制

切实保障乡镇农技推广机构基础设施建设。乡镇农技推广机构的业务用房和必要的工作生活设施，由所服务乡镇提供。强化乡镇农技推广机构服务手段，制定乡镇农技推广机构仪器设备配备标准，配齐配足。配备必要的农技推广服务车辆，纳入公务车辆管理。设立一定规模和相对稳定的农业科技试验示范基地。保障乡镇农技推广机构日常业务经费，每人每年不低于县级一类部门预算水平，并给予重点保障。支持基层农技推广机构面向新型农业经营主体广泛开展农技推广服务。

深化农业系列职称制度改革，继续开展农技推广研究员（农业系列正高级职称）评审工作，并向基层一线倾斜，吸引和激励广大农技推广人才扎根农村开展服务。大力开展“寻找最美农技员”活动，宣传弘扬不畏艰苦、为民服务的高尚品德和务实重干、开拓创新的精神风貌。继续发挥“全国十佳农技推广标兵”资助项目的作用，树立正确导向。

（四）发展、壮大农技队伍

拓宽基层农技人员继续教育渠道，解决好知识更新跟不上需要的难题。基层农技人员工作任务重，时间精力有限，参加继续教育机会难得，因此必须不断创新继续教育培训方法，提高继续教育效率。要根据各地农业行业特点和基层农技人员的需求，因地制宜，开展各种行之有效的教育培训活动。可以采取学校深造、集中培训、学术交流、考察学习、科技攻关、实践锻炼等形式，既安排理论知识讲座，又安排实验实习活动。对先进的农业技术和管理方法，采取专题化教学，做到角度新一点、问题精一点、例证实一点、思路清一点、信息多一点。要结合农业生产实例进行深入浅出的示范讲解，增强培训的针对性、实效性和互动性，提高基层农技人员分析和解决问题的能力。要突破时空限制，积极利用现代传媒技术，采用互联网网络视频、卫星视频、多媒体课件等技术，利用广播电视远程教学、农业培训网等现代化手段，为基层农技人员继续教育提供自主灵活、便捷有效的服务。通过补充一批、培训一批、学历提升一批的方式，保持公益性农技推广人才队伍持续健康发展。

探索实施农技服务特聘计划。以习近平新时代中国特色社会主义思想为指导，结合贫困地区发展特色优势扶贫产业和其他地区农业产业发展需要，在全国贫困地区及其他有意愿地区实施农技推广服务特聘计划，通过政府购买服务等支持方式，从农业乡土专家、种养能手、新型农业经营主体技术骨干、科研教学单位一线服务人员中招募一批特聘农技员，培养一支精准服务产业需求、解决生产技术难题、带领贫困农户脱贫致富的服务力量，支撑贫困地区走出一条贫困人口参与度高、特色产业竞争力强、贫困农户增收可持续的产业扶贫路径，为打好打赢精准脱贫攻坚这场历史性决战提供有力支撑。[①]

（五）创新基层农技服务机制

根据市场经济的发展规律，对现阶段的基层农技服务体系进行公益性与经营性的合理划分。统一行业管理制度，最大限度地整合业内资源，实现资源的优化管理。引导鼓励农民专业合作社、农业企业、农业科研机构、涉农院校、农业示范园区等开展农技推广服务。探索实施农技服务特聘计划，壮大农技服务人员队伍。

将现有的农业技术推广单位新创办的经济实体产业进行有机融合，创建为经营性的基层农技服务组织，并对其机构进行科学的延伸，完善管理机制，围绕经营性展开基层农业技术的推广工作，实现利益共享，风险共担。同时，合理设置农业技术推广机构，实现推广运行新模式在实践过程中的发展与创新，推动农业机构的有效运行，促进农业技术的推广工作实现健康长久发展。

① 农业农村部办公厅：《关于全面实施农技推广服务特聘计划的通知》，中华人民共和国农业农村部网 2018 年 7 月 20 日。

专家观点

促进多元服务主体融合发展

目前，农业生产性服务的服务主体大致分为五类：第一，农业专业性或综合性服务公司。这些公司既有纯民营的，也有公有制企业全资、参股或控股兴办的。既有新创办的，也有过去农资农机经销企业转型发展而来的。第二，农业生产经营服务类专业合作社及其联合社，为农民开展农机、植保、仓储、烘干等服务。第三，供销合作社。一些地方的供销社发挥深耕农村多年的优势，利用原来的经销网点延伸服务链条，拓展服务领域。第四，村级组织。由村党支部、村委会、村集体经济组织牵头，成立耕种、植保等服务组织，开展全程托管和多环节托管服务。第五，农业生产经营服务类专业大户。各类服务主体各有优势，各地要针对不同产业、不同环节、不同主体的特点，因地制宜选择适合本行业、本地区的组织形式和经营模式，满足农业生产发展的要求。同时，要鼓励各类服务主体加强联合合作，促进功能互补、利益分享、融合发展。引导各类服务主体积极与高等学校、职业院校、科研院所开展科研和人才合作，鼓励银行、保险、邮政等机构与服务主体深度合作。

——农业农村部农村合作经济指导司司长　张天佐

三、加强涉农院校和学科专业建设，大力培育农业科技科普人才

2019年9月5日，习近平总书记在给全国涉农高校的书记校长和专家代表回信中指出：新中国成立70年来，全国涉农高校牢记办学使命，精心培育英才，加强科研创新，为‘三农’事业发展作出了积极贡献。中国现代化离不开农业农村现代化，农业农村现代化关键在科技、在人才。新时代，农村是充满希望的田野，是干事创业的广阔舞台，我国高等农林教育大有可为。希望你们继续以立德树人为根本，以强农兴农为己任，拿出更多科技成果，培养更多知农爱农新型人才，为推进农业农村现代化、确保国家粮食安全、提高亿万农民生活水平和思想道德素质、促进山水林田湖草系统治理，为打赢脱贫攻坚战、推进乡村全面振兴不断作出新的更大的贡献。农业科技、科普人才是推进农业科技创新的主体力量，代表农业科技发展的方向和核心竞争力。农业科研周期长、基础性工作多，需要长期稳定的支持。要根据农业科研规律设计人才培养选拔机制。

（一）建立农业系统与教育系统联合协作的新机制，共建一批农业院校

农业院校是我国农业科技研究、成果转化、技术推广和农业服务的重要力量，是农业人才培养的主要阵地。广大农业院校要切实立足我国农业生产主体、生产组织形式，充分认识我国农业发展的产业条件、体制环境、肩负任务和服务对象的国情特色，积极探索中国特色的高等农业教育发展之路；要坚持服务产业发展的根本方向，大力创新体制机制，

努力探索发展模式，突出农科特色和优势，立足“三农”发展办好农业高等教育，立足产业需求推进强化农业科技创新和人才培养，立足农民需求搞好农业技术推广、服务和培训，发挥好农业院校在科技、教育、推广、培训方面的优势和作用；要创造条件，建立以解决实际问题、服务产业发展为导向的科技和人才评价制度，引导广大农业院校教师、专家深入实践，服务农民，“把论文写在大地上”，教育激励广大农业高校大学生坚定信念，深入基层，献身“三农”，为建设中国特色现代农业和社会主义新农村贡献聪明才智；要利用多种有效途径，大力推进农业高校之间、高校与科研单位之间、高校与基层科研生产单位之间的联合与协作，努力创造农业科技教育大联合、大协作的新机制、新局面，共同推动农业农村发展上一个新台阶。

近年来，高层次涉农人才培养基本保持稳定并略有增长。截止 2020 年 8 月，农业农村部与教育部合作共建 8 所农业大学，在地方省部共建 17 所农业大学，围绕农业农村发展和现代农业转型升级需要，指导共建高校及时调整学科专业设置，加强涉农重点专业群建设，推动农业院校培养涉农人才。

（二）创新涉农人才培养模式

多措并举，积极创新涉农人才培养模式，不断提升涉农人才培养规模和质量。一是加快农林人才培养模式改革创新。2013 年，农业部联合有关部门启动实施卓越农林人才教育培养计划，批准改革试点高校 99 所、改革试点项目 140 个，推进拔尖创新型、复合应用型、实用技能型农林人才培养改革，重点支持高等农林院校优化人才培养方案，优化通识教育、基础课程、专业课程等课程体系，强化实践教学和选修课、实训课，并根据课程体系及人才培养目标确定授课内容、授课方法，配置相应的师资队伍，构建适应农业现代化建设需要的复合应用型农林人才培养体系。如安徽农业大学开设“青年农场主班”，积极探索校政企合作、多学科专业交叉培养模式，培养复合型农业人才。二是着力优化技能型人才培养模式。政府部门以农业行业人才需求为导向，积极推进产教融合、校企合作，创新优化人才培养模式。三是大力实施新型职业农民培育工程。2014 年开始，联合财政部启动实施新型职业农民培育工程，重点面向种养大户、家庭农场主、农民合作社骨干、农业社会化服务人员和返乡涉农创业者，以提高生产经营能力和专业技能为目标，采取集中培训与现场实训相结合的方式，开展分层分类培训。截至 2017 年，中央财政累计安排 50.9 亿元支持新型职业农民培育，培训超过 400 万人次。[①]

农业农村部联合教育部成立中国现代农业校企联盟，下设现代农业、现代畜牧业、都市农业、现代农业装备和现代渔业等 5 个农业职教集团。截至 2017 年底，五大农业职教集团共吸纳涉农企业、职业院校、科研院所 500 余家，积极培养农业技术技能人才和新型职业农民，探索农学交替、弹性学制以及现代学徒制等产教融合、校企合作模式，加快构建现代农业职业教育体系。

比如，新疆农业大学构建“把论文写在天山南北的”创新型人才培养模式，开创“乡村领路人工程”，从当地选拔乡村干部，选派农牧民养殖户进入农业大学学习，提高了基层干部群众的科技素质和致富技能；

①《对十三届全国人大一次会议第 5661 号建议的答复》，中华人民共和国农业农村部网 2018 年 8 月 24 日。

石河子大学，建立服务“三农”实践教学模式，使服务兵团新农村建设与“高等学校教学质量与教学改革工程”进行有机结合，建立了具有特色的服务“三农”实践教学模式。[①]

知识链接

乡村振兴人才培养提质，高校如何做

2018 年 12 月，教育部印发了《高等学校乡村振兴科技创新行动计划（2018—2022 年）》，引导高校深度参与和主动服务乡村振兴的实施，其中对“如何对人才培养提质”作出明确要求，主要有以下几个方面。

（1）创新乡村振兴人才培养模式　支持高校在乡村振兴拔尖创新、复合应用和实用技能人才培养方面深化改革，开设学科专业交叉融合、理论与实践紧密结合、政产学研通力配合的乡村振兴实验班，推进教学模式、教学方法的改革与创新，加大教师队伍、教学条件建设等方面的建设力度，培养懂农业、爱农村、爱农民的农业农村现代化建设接班人。

（2）加强乡村振兴高层次人才培养　积极探索专业学位研究生培养模式改革，鼓励和引导高校适度扩大农业硕士专业学位研究生培养规模。通过体制机制改革，优化乡村创新创业环境，培养青年创客、“新农人”等乡村振兴高端人才，推动青年人才扎根乡村创业。

① 于瀛军、周敏：《农职院校借鉴本科农业院校服务“三农”模式的创新》，《河南农业》2014 年第 8 期。

（3）广泛开展乡村振兴基层人才培训　加强高校培训能力建设，根据不同行业、不同领域、不同层次的人才培训需求，编制培训教材、制定培训方案、创新培训模式。建立高校与政府的协同培训机制。组织新型农业经营主体骨干、农业技术员、新型职业农民、大学生村官以及“三农”党政干部等开展专题培训。面向乡村基层干部和涉农人员开展成人学历提升教育。

（三）加强创业意识教育，强化农业创业能力培养

重视涉农人才创业意识教育，大力推进农村创业创新。一是加强创业创新人才培养。从 2017 年起，原农业部在全国开展为期 3 年的农产品加工业等百万人才培训行动，通过理论与实践相结合、课堂讲授与现场实训相结合、线上培训与线下培训相结合等方式，围绕提升创业意识、创业素养和创业能力，在全国培训农产品加工业、农村创业创新、休闲农业和乡村旅游人才 100 万人次。二是加强就业指导拓展就业渠道。通过开展定向招生、定向培养、定向就业“三定向”政策，实施特聘农技员计划等措施，开展创新创业相关教育课程，推动高校成立创新创业教育协会、俱乐部，加强对涉农人才的就业指导，引导涉农院校毕业生到农业农村一线就业创业。据调查，近年来 65% 的农业院校毕业生在涉农企业或基层就业，有效地提升了服务“三农”发展能力。[①] 积极推动各地加强农村创业创新人才培养，深入推进校企合作，加大对“一专多能”复合应用型人才的培养力度。通过加强就业指导，开展定向招生、定向

①《对十三届全国人大一次会议第 5661 号建议的答复》，中华人民共和国农业农村部网 2018 年 8 月 24 日。

培养、定向就业“三定向”培养，实施特聘农技员计划等措施，拓展涉农人才就业渠道，引导涉农院校毕业生到农业农村一线就业创业。各地在实践中积极探索，目前江西、浙江、山东等省依托涉农院校实行“三定向”政策，取得了良好成效。

比如，浙江大学开展了与湖州市合作共建省级社会主义新农村实验示范区的工作。学校提出了“聚焦湖州、立足浙江、服务西部、面向全国、走向世界”的指导思想，作为学校参与社会主义新农村建设的宗旨和目标，同时提出了要“举全校之力，全面参与社会主义新农村建设”的重要决策。

再比如，华中农业大学的“五个一”的服务社会主义新农村模式，围绕国家重大战略需求，既“顶天”又“立地”的科技发展战略，形成了“围绕一个领军人物，培植一个创新团队，支撑一个优势学科，促进一个富民产业，带动一方百姓致富”的服务模式，主动面向地方经济建设主战场，培养大批专门人才，提供急需的农业科技成果，推进农业产业发展。在服务地方经济社会发展的过程中，探索多元化服务“三农”的路径。或以科技创新为支撑点，引领广大农民脱贫致富；或以组织社会实践教育为着力点，培养服务“三农”的高素质创新人才；或以优化农村发展环境为契合点，推进校、市合作。

典型案例

乡村振兴，依托产业发展培养实用人才

进入冬季，位于新疆维吾尔自治区和田地区洛浦县多鲁乡的

菌包厂加紧生产，附近120名农牧民在这里就业、学习。阿曼古丽·艾则孜是多鲁乡哈勒瓦甫村建档立卡贫困户，经过培训后的阿曼古丽成为发展食用菌的示范带头人，回村后带动更多的人发展食用菌脱贫致富。洛浦县计划发展食用菌5000万袋，解决1万多人就业。

人才是乡村振兴的关键。利用冬季农闲时间，全疆各地办起了形式各样的培训班对农牧民进行培训，这已经是全疆各地的常态。如何培养农村真正需要的人才，发挥示范带头作用？洛浦县从全县发展食用菌种植出发，依托产业发展培养实用人才，学员既学理论知识又注重实践操作，技术学得更扎实。更重要的是，产业的发展让学员回到乡村发挥示范带头作用有了“阵地”，让技术落到了实处。

一项技术推广后能否带动农牧民增收致富，农牧民需要一个现实可见的目标。切合当地实际的产业，既让农牧民增收致富有了目标，示范带头人回到村里开展工作也有了依托，开展工作更加便利。如何发挥乡村振兴中人才的作用，让他们带动更多的人脱贫致富，洛浦县的做法给出了很好的借鉴。人才与产业融合发展相互促进，产业的兴旺带动更多的人参与其中，从而形成一个良性的循环，人才留住的同时，产业发展了，村民致富了。

多年来，乡村发展严重受制于人才因素，归根到底，缘于乡村难以吸引和留住人才，难以让人才发挥作用、体现价值。乡村振兴要留住人才吸引人才，让他们感觉到留在村里大有可为，产业发展尤为重要，充满生机的产业才能吸引更多的人参与其中。

2018年11月，新疆维吾尔自治区出台了《新疆维吾尔自治区乡村振兴战略规划（2018—2020年）》，提出开展乡村实用性人才培训，推出了一系列举措推动乡村人才振兴。

如今的乡村，基础设施建设、产业发展、新科技的运用、电子商务和农产品的流通、文体活动的蓬勃开展，都需要高素质的人才来带动，尤其需要科技型的“田秀才”“土专家”。各地要利用产业吸引人才回到乡村，激励乡村人才扑下身子为乡村振兴贡献一分力量，以此带动农牧民为全面建成小康社会、实现共同富裕而奋斗。

（姚刚：《乡村振兴，依托产业发展培养实用人才》，《新疆日报》2018年12月27日）

（四）优化实践教学环节，提升农科专业人才实践能力

积极推动优化农科专业教学环节，加强农科专业学生实践能力培养。一是加强人才培养基地建设。2012年，农业农村部联合教育部依托现代农业产业技术体系综合试验站，批准中国农业大学寿光蔬菜农科教合作人才培养基地等100个农科教合作人才培养基地，基地建设集人才培养、科学研究、成果转化及推广、大学生创新创业于一体，着力提升农科专业学生解决农业领域生产实际问题的能力。二是强化实践教学环节。2018年，教育部发布实施《普通高等学校本科专业类教学质量国家标准》，对农科专业学生的培养目标、课程设置、师资队伍建设等方面提出明确要求，强调农林院校要强化实践教学环节，加强学生的创新创业教育，并根据不同专业特点对实践教学占总学时的比例作出具体规定。

农业农村部联合教育部进一步优化实践教学环节，努力提升人才实践能力，为现代农业发展和乡村振兴战略源源不断输送高素质人才。

积极推动加强农业职业教育基础设施建设，尤其是实习实训基地建设，使教学与产业发展紧密对接，完善农学结合人才培养模式的督导运行机制。定期举办全国职业院校农业技能大赛，展示农业职业教育人才培养最新成果，树立培养技能型人才的办学价值取向。鼓励青年教师到农业基层挂职锻炼，支持农业院校开展多种形式的农业推广服务，优化农业院校人才评价体系。

南京农业大学实施“农业科技入户示范工程”，从服务和支撑社会主义新农村建设的战略高度出发，以整体推进农业科技入户工程为核心，以培育基层农技人员、科技示范户和新型农民为重点，围绕主导产业发展需求，以实施优势农产品主导品种的推广和主要技术的培训为重点，按照“整合资源、创新机制，力求实效、农民满意，以户带面、全面推进”的原则，努力提高广大农民的文化素质和科技应用能力，促进食品安全、粮食增产、农业增效和农民增收，更好地解决服务“三农”的实际问题。

四川农业大学通过专家大院模式，与地方政府、企业共同建立了“以科技为先导，以项目为核心，以企业为依托，以产业为基础，致富为目标”的农业科技示范专家大院，推动学校专家走向田间地头，博士、硕士、本科生走进寻常百姓家，有效地培育了龙头企业，促进了农村经济的发展，带动了农民致富增收。

农村专业人才是乡村振兴的新动能，是农村经济发展的领路者、是文化传承的继承者、是生态环境的守护者。加强新形势下农村实用人才队伍建设，大力开发农村实用人才资源，更好地发挥农村实用人才作用，是人才工作面临新形势的需要，也是实施乡村振兴战略的需要。充分激发农村实用人才创业活力，让农业真正成为有奔头的产业，让农民真正成为有吸引力的职业。

延伸阅读

1. 习近平：《在庆祝改革开放40周年大会上的讲话》，人民出版社2018年版。

2. 徐宪平：《国家发展战略与宏观政策》（上下册），北京大学出版社2018年版。

3. 费孝通：《乡土中国》，北京大学出版社2016年版。

深度思考

1. 人才资源是第一资源。实践中，哪里的农村实用人才多，哪里的农村经济发展就快。在自然资源相同的情况下，有些村发展得快，有些村则发展得慢，原因就在于农村人才、农村人力资源存在差异。那么，如何抓好农村实用人才队伍建设？

2. 人才培养，教育是基础；农村实用人才培养，职业教育应当发挥更重要的作用。那么，面向农民的职业教育应如何改善农村实用人才队伍素质结构？

3. “十三五”时期是全面建成小康社会的决胜阶段，农业现代化要取得明显进展，很大程度上取决于农业劳动者的素质。那么，如何健全以职业农民为主体的农村实用人才培养机制？

第五章

发挥科技人才支撑作用

实施乡村振兴战略是以习近平同志为核心的党中央着眼党和国家事业全局、顺应亿万农民对美好生活的向往，作出的重大战略决策，是新时代“三农”工作的新旗帜和总抓手。乡村振兴，关键在科技，希望在人才。要把科技人才建设放在首要位置，加快构建乡村振兴科技人才支撑体系，为全面实施乡村振兴战略提供坚实的科技支撑。

一、构建乡村振兴科技人才体系

科技是第一生产力、人才是第一资源、创新是引领发展的第一动力。人才强、科技强，才能带动产业强、经济强、国家强。乡村振兴，无论是农业强、农村美还是农民富，都离不开农业科技力量的支撑。目前我国农业科技人才队伍建设虽然取得了一些令人瞩目的成就，但农业科技人才发展依然面临诸多难题，农业科技人才支撑力量不足，必然会制约乡村振兴战略的实施。因此，必须统筹解决农业科技人才队伍建设中存在的系列问题。

（一）深化农业农村科技人才体制机制改革，坚持联合协作

要牢固树立人才优先发展理念，下大气力研究破解制约广大科技人员科技创新的体制机制弊端，进一步完善以政府为主导的农业农村科技

人才管理体制，理顺各级业务部门管理体系，构建各级业务部门垂直体系，对各级农业技术人才实行“上对下”的“垂直式”管理，组织人事关系在同级单位，业务工作归口在上级相关部门。通过体制机制创新，统筹协调好中央与地方各级各类科技创新力量分工协作，充分发挥企业等各类农业新型生产经营主体的技术创新和市场主体作用，形成各方面共同发力、协调推进科技支撑乡村振兴的新局面。

建立农村科技人才培养长效机制，重视农业科技领军人才的培养。鼓励农业院校毕业生到基层农业推广机构工作，鼓励农村年轻创业能人、大学生村官进行农业科技创业，对其开展精准教育和培训；选派优秀农业科技人才到科研院所、高校等挂职学习，参与高层次农业科研工作，支持优秀农业骨干人才主持开展重大农业科技攻关。

（二）鼓励引导专业技术人才流向基层，助推乡村振兴

2018 年中央一号文件提出，全面建立高等院校、科研院所等事业单位专业技术人员到乡村和企业挂职、兼职和离岗创新创业制度，保障其在职称评定、工资福利、社会保障等方面的权益。目前我国农业科技人才队伍年龄结构不合理，呈现老龄化趋势，35 岁以下农业科技人才严重不足，出现断层现象；受教育程度整体偏低，农业科技高层次人才严重缺乏；传统农业产业人员多，新兴产业的人员少。现代农业要发展，出路靠科技，关键靠人才。然而只靠科技文化水平较低的农民进行现代农业科技创新是远远不够的，需要高等院校、科研院所等事业单位专业技术人员的强力支撑。但目前存在的问题是高等院校、科研院所等事业单位的专业技术人员在深入农村一线，助推乡村振兴时持有犹豫态度，原

因就在于与现有专业技术人员密切相关的切身利益得不到保障，尤其是在职称评定、工资福利、社会保障等方面。因此，要全面建立高等院校、科研院所等事业单位技术人员到乡村和企业挂职、兼职和离岗创新创业制度，保障其在职称评定、工资福利、社会保障等方面的权益，鼓励引导专业技术人才流向基层，助推乡村振兴。

知识链接

科技特派员

科技特派员，是指经地方党委和政府按照一定程序选派，围绕解决“三农”问题和农民看病难问题，按照市场需求和农民实际需要，从事科技成果转化、优势特色产业开发、农业科技园区和产业化基地建设以及医疗卫生服务的专业技术人员。

（三）深化科技特派员制度，壮大科技特派员队伍

当前，我国正处在全面建成小康社会的决胜阶段，农村经济社会发展任务艰巨繁重，为充分发挥农业产业发展优势，深入实施创新驱动发展战略，通过推行科技特派员制度，培育新型农业经营和服务主体，健全农业社会化科技服务体系，加速农业科技成果转化，促进农村一二三产业深度融合，提升农业产业综合竞争力，补齐农业农村短板，统筹城乡一体化发展。

壮大科技特派员队伍。支持普通高校、科研院所、职业学校和企业

的科技人员发挥职业专长，到农村开展创业服务。引导大学生、返乡农民工、退伍转业军人、退休技术人员、农村青年、农村妇女等参与农村科技创业。鼓励涉农企事业单位作为法人科技特派员带动农民创新创业，服务区域产业发展。结合各类人才计划实施，加强科技特派员的选派和培训，支持相关行业人才深入农村基层开展创新创业和服务。利用新农村发展研究院、科技特派员创业培训基地等，通过提供科技资料、创业辅导、技能培训等形式，提高科技特派员创业和服务能力。在鼓励科技特派员“走出去”开展科技创业和服务的同时，积极引进国际人才以科技特派员身份开展农村科技创业。

建立和完善科技特派员工作机制和激励机制。普通高校、科研院所、职业学校等事业单位对开展农村科技公益服务的科技特派员，要实行保留原单位工资福利、岗位、编制和优先晋升职务职称的政策，其工作业绩纳入科技人员考核体系；对深入农村开展科技创业的，要保留其人事关系，与原单位其他在岗人员同等享有参加职称评聘、岗位等级晋升和社会保险等方面的权利，期满后可以根据本人意愿选择辞职创业或回原单位工作。结合实施大学生创业引领计划、离校未就业高校毕业生就业促进计划，动员金融机构、社会组织、行业协会、就业人才服务机构和企事业单位为大学生科技特派员创业提供支持，完善人事、劳动保障代理等服务，对符合规定的要及时纳入社会保险。

利用好科技特派员的专业特长及派出单位的科研成果，鼓励高校、科研院所通过许可、转让、技术入股等方式支持科技特派员转化科技成果，开展农村科技创业，保障科技特派员取得合法收益。整合科技特派员资源，通过国家科技成果转化引导基金等，发挥财政资金的杠杆作用，以创投引导、贷款风险补偿等方式，推动形成多元化、多层次、多渠道的融资机制，加大对科技特派员创业企业的支持力度。引导金融机构在业务范围内加大信贷支持力度，开展对科技特派员的授信业务和小额贷款业务，完善担保机制，分担创业风险。吸引社会资本参与农村科技创业，鼓励银行与创业投资机构建立市场化、长期性合作机制，支持具有较强自主创新能力和高增长潜力的科技特派员企业进入资本市场融资。对科技特派员创办的农民专业合作社等农业经营主体，落实减税和奖补政策，使科技特派员能够下得去、留得住，使科技成果能够到田头、出效益，解决科技成果转化“最后一公里”问题。

（四）深入实施农业科研杰出人才培养计划和杰出青年农业科学家项目

乡村振兴离不开科技支撑。自 2011 年起，农业农村部分两批组织实施农业科研杰出人才培养计划，给予每名杰出人才及其创新团队连续 5 年的专项经费支持，保证一大批农业科研杰出人才及其创新团队的迅速成长。该计划至 2020 年，组建一支由 300 名杰出人才、3000 名骨干组成的农业科技创新突击队，推动我国农业科技创新实力从“跟跑者”变为“同行者”乃至“领跑者”。农业科研杰出人才围绕现代农业发展需求，把握现代科学发展方向，紧密地围绕国家的重大需求开展科研攻关，积极进行成果转化，服务产业“顶天立地”。

青年兴则国家兴，青年强则国家强。为进一步加强农业科研后备人才队伍建设，激发青年科研人员从事农业科学研究的热情，促进优秀青年科研人员脱颖而出，2016 年，农业部启动实施“杰出青年农业科学家”资助项目，首批25名青年人才获得资助。

农业科研杰出人才计划和杰出青年农业科学家项目的实施，将有利于稳定和发展我国高层次农业科研人才队伍，形成一支学科专业布局合理、整体素质能力较强、自主创新能力较强的高层次农业科研人才队伍，促进农业领域学科建设赶超国际先进水平。

二、创新科技人才服务形式，完善政策体系

2016年5月30日，习近平总书记在全国科技创新大会、两院院士大会、中国科协第九次全国代表大会上发表重要讲话时强调，我国要建设世界科技强国，关键是要建设一支规模宏大、结构合理、素质优良的创新人才队伍，激发各类人才创新活力和潜力。

（一）强化制度创新，激发创新创业活力

推进科研机构和科技人员分类评价机制改革，核心是把科技与产业的关联度、科技自身的创新度、科技对产业的贡献度作为评价标准。完善协同创新机制，做强国家农业科技创新联盟，着力解决农业基础性、区域性和行业性重大关键问题。探索科技与人才、金融、资本等要素资源结合新机制，推进建设现代农业产业科技创新中心，打造区域农业经济增长极。

建立以增加知识价值为导向的分配机制，让科技人员“名利双收”，激发科技人员面向市场的创新活力。以兼职取酬、股权期权等多种形式，鼓励农业科研人员在企业和科研院校之间兼职兼薪、顺畅流动。促进公益性推广机构与经营性服务组织融合发展，激发农技人员推广活力。

建立健全科技成果评估机制，准确评价市场价值和应用前景，提高

科技成果的供给质量和转化效率。搭建科技成果转化交易平台，打通成果供给与产业应用的通道。加快科技成果的集成配套、熟化应用，解决单一成果、单项技术用不了、用不好的问题。

（二）实施种业等领域科研人员以知识产权明晰为基础、以知识价值为导向的分配政策

种业是国家战略性、基础性核心产业。2018 年中央一号文件明确提出，加快发展现代种业，提升自主创新能力，高标准建设国家南繁育种基地。政府工作报告也明确要求，要加快促进种业创新发展。在科研领域中，种业科研是与产业结合非常紧密的一个领域，长期以来，我国种业科技创新一直面临着许多深层次障碍，如科研与生产“两张皮”问题一直没有得到很好的解决，科研成果转化率偏低、科研人才流动不畅等问题。提升种业科技创新能力，要不断完善人才发展机制，激发科研人员的积极性和创造性。为推动种业科研体制改革，2013 年，国务院办公厅印发《关于深化种业体制改革提高创新能力的意见》，要求强化企业技术创新主体地位，调动科研人员积极性。2016 年 7 月 14 日，农业部、科技部、财政部、教育部、人力资源和社会保障部联合下发《关于扩大种业人才发展和科研成果权益改革试点的指导意见》，指出：“成果转移转化所获得的收入全部留归本单位，纳入单位预算，实行统一管理。给予成果完成人和转化人员奖励和报酬的支出，计入当年本单位工资总额，但不受当年本单位工资总额限制，不纳入本单位工资总额基数。成果完成单位应制定科研成果权益分配相关规定，明确权益分配方式、比例、时限等事项，细化程序要求。科研成果权益分配应当兼顾科研成果完成人、成果转化人员及科研单位等方面利益和事业发展。”种业科研成果权益改革试点，其核心正是通过改革调动科研人员的积极性，解决科研和生产“两张皮”、成果转化“肠梗阻”等问题，通过激发种业科研创新活力让农业插上科技的翅膀，为现代种业发展增加新动能，为我国农业供给侧结构性改革提供有力支撑。

知识链接

深化种业体制改革，充分调动科研人员的积极性

确定为公益性的科研院所和高等院校利用国家拨款发明的育种材料、新品种和技术成果，可以申请品种权、专利等知识产权，可以作价到企业投资入股，也可以上市公开交易。要研究确定种业科研成果机构与科研人员权益比例，由农业农村部、科技部会同财政部等部门组织在部分科研院所和高等院校试点。建立种业科技成果公开交易平台和托管中心，制定交易管理办法，禁止私下交易。支持科研院所和高等院校与企业开展合作研究。支持科研院所和高等院校通过兼职、挂职、签订合同等方式，与企业开展人才合作。鼓励科研院所和高等院校科研人员到企业从事商业化育种工作。鼓励育种科研人员创新创业。改变论文导向机制，加强种业实用型人才培养，商业化育种成果及推广面积可以作为职称评定的重要依据。支持高等院校开展企业育种研发人员培训。完善种业人才出国培养机制。支持企业建立院士工作站、博士后科研工作站。

（三）探索公益性和经营性农技推广融合发展机制

农业科技服务体系是将现代农业的创新科技成果转化为生产力的重要载体，是实施农业科技创新驱动的重要内容之一。目前，我国基层农技推广组织薄弱，农技推广队伍不稳，人员流失严重；推广队伍知识结构、业务素质不适应现代农业科技的飞速发展。

2017 年 8 月，农业部联合国家发展改革委、财政部印发的《关于加快发展农业生产性服务业的指导意见》提出，坚持市场导向，充分发挥市场配置资源的决定性作用，政府着力培育、支持、引导服务组织发展，为农业生产性服务业有序发展创造良好条件。鼓励农业科研人员参与农技推广服务，2017 年 12 月，农业部和教育部联合发布《关于深入推进高等院校和农业科研单位开展农业技术推广服务的意见》，为推动农业科技人员投身“三农”工作主战场，强化农业科技成果转化，优化农业技术推广服务，加强农业农村人才培育提供了有力的政策支持。

加强农技推广体系建设与改革。农业农村部印发的《2019 年农业农村科教环能工作要点》明确指出，在改革中进一步强化基层农技推广体系建设，改善条件、创新手段，充分履行好公益性职能。建立公益性推广和经营性服务融合发展机制，支持农技人员进入家庭农场、合作社、农业企业，提供技术增值服务并合理取酬，提高人员收入。完善农技推广补助项目绩效管理，强化集中考评、网络直播、线上抽查、实地核查，实现全程全覆盖。充分发挥“中国农技推广”APP 作用，实现专家、农技人员和农民在线互动。

（四）全面实施农技推广服务特聘计划

针对多数贫困地区产业扶贫科技服务跟不上、农民生产技能水平低、市场信息渠道不通畅的现实情况，为增强基层农技推广服务供给能力，探索强化贫困地区产业扶贫工作科技支撑和人才保障的新途径，2018 年中央一号文件提出“全面实施农技推广服务特聘计划”。2018 年 6 月，农业农村部下发的《关于全面实施农技推广服务特聘计划的通知》提出，以习近平新时代中国特色社会主义思想为指导，结合贫困地区发展特色优势扶贫产业和其他地区农业产业发展需要，在全国贫困地区及其他有意愿地区实施农技推广服务特聘计划，通过政府购买服务等支持方式，从农业乡土专家、种养能手、新型农业经营主体技术骨干、科研教学单位一线服务人员中招募一批特聘农技员，培养一支精准服务产业需求、解决生产技术难题、带领贫困农户脱贫致富的服务力量，支撑贫困地区走出一条贫困人口参与度高、特色产业竞争力强、贫困农户增收可持续的产业扶贫路径，为打好打赢精准脱贫攻坚这场历史性决战提供有力支撑。

特聘农技员的主要服务任务有：一是为县域农业特色优势产业发展提供技术指导与咨询服务；二是为贫困农户从事农业生产经营提供技术帮扶；三是与基层农技人员结对开展农技服务，增强农技人员专业技能和实操水平。

专家观点

加强农村专业人才队伍建设，发挥科技人才支撑作用

现在我们处在城市化进程中，大量的人在往外走，这样一种变化是不利于我们乡村振兴的。我们要汇聚全社会力量，强化乡村振兴人才支撑。要把人力资本开发放在首要位置，畅通智力、技术、管理下乡通道，造就更多乡土人才，聚天下人才而用之。要大力培育新型职业农民，加强农村专业人才队伍建设，发挥科技人才支撑作用，鼓励社会各界投身乡村建设。

如何加快培育职业农民？要优化农业从业者结构，加快建设知识型、技能型、创新型农业经营者队伍。要从现有小农中培育核心农户。要重视“城归”作用，引导返乡、回乡、下乡，将现代科技、生产方式和经营模式引入农业。要全面建立职业农民制度，完善配套政策体系；实施新型职业农民培育工程，支持新型职业农民通过弹性学制参加中高等农业职业教育；引导符合条件的新型职业农民参加城镇职工养老、医疗等社会保障制度；鼓励各地开展职业农民职称评定试点。

一方面要继续推动城镇化建设，另一方面乡村振兴也需要有生力军。要让人才到乡村的舞台上大施拳脚，让农民企业家在农村壮大发展。城镇化、逆城镇化两个方面都要致力推动。城镇化进程中农村也不能衰落，将来我国还会有三四亿人生活在农村，所以农村发展和城市化应该相得益彰、相辅相成。

——国务院发展研究中心农村经济研究部部长、研究员　叶兴庆

三、构建乡村振兴科技创新体系

科技进步是驱动现代农业发展的根本动力，农业科技创新能力条件是农业科技进步的物质基础和重要保障。加强促进农业农村现代化科技创新服务、推动完善农村技术创新体系，为现代农业发展提供强有力的技术支撑，为更好实施乡村振兴战略提供有力抓手。因此，要不断夯实现有的农村科技创新基础，积极吸引多元主体协同参与农村技术创新工作，更好集聚农村科技创新体系的主体动能。

（一）吸引多元主体协同参与，夯实现有农村科技创新基础

党的十八大以来，农业农村科技工作不断取得新突破。科技体制改革纵深推进，农业高新技术产业长足发展，农业科技进步贡献率由 2012 年的 53.5% 提高到 2017 年的 57.5%。然而，实现农业可持续发展，现代农业建设还有较长的路要走。科技创新服务农业农村现代化，必然要求以人才为核心的创新要素向乡村汇聚。目前，我国农业农村发展总体上还处于要素驱动阶段，实施以科技创新为核心的农业农村创新驱动发展尚存在诸多问题，农业科技创新体系不健全，突出表现在创新主体活力不足，多元化尚未形成，农技推广体系还有待完善。

为了促进农业科学技术的推广和农业现代化发展，我国已经初步建立起了一套覆盖范围广、受惠对象多的农村科技推广体系，但在农业技术推广发展过程中，由于受到诸多因素的影响，还存在诸多层面有待优化、农业技术推广管理体制不顺畅、推广队伍的结构方面还不完善，使得农业科学技术体系的发展缺少潜力。在这一问题上，主要体现在推广人员的综合素质有待提高、相关农业技术推广人员的专业技术知识老化，

不能满足实际的需求。因而，要积极变革现有的农村科技推广体系，探索建立农技人员合理取酬新机制、强化绩效考评和队伍建设、健全“一主多元”推广体系，推动农技推广信息化、农技推广联盟和农业科技试验示范基地建设，支持基层农技人员进入合作社、龙头企业和专业服务组织开展农业技术推广服务，为农业转型升级、农业现代化发展提供科技保障。

与此同时，在推进农村科技创新工作时，应该实现多元主体的共同参与、协同行动，既要充分发挥各级政府和相关部门的支持引导作用，也要积极赢得农民和其他社会组织的全力参与和配合。吸引多元主体协同参与，应大力支持农民的自主创新和合作创新行为，并为其实现创新成果转化提供必要帮助；在农村尝试构建以农业龙头企业、农业生产合作社为主体的科技创新体系；充分发挥农业高等院校的外脑作用，鼓励这些高校和农业类科研机构深入农村基层，积极了解农民和现代农业的发展需求；涉农类社会组织也有望成为支持农村科技创新体系建设的重要外部力量，各地应积极引导、充分发挥这类组织的作用。

（二）打造农村科技创新人才队伍，集聚农村科技创新体系的主体动能

构建农村科技创新体系是一项系统性工程，建设环节多、工作任务重，为此必须为农村科技创新工作集聚起源源不断的主体动能。其中，最为关键的就是打造一支“懂农业、爱农村、爱农民”的农村科技创新人才队伍。既要关注对当前农村科技人才的挖掘、引导、教育工作，又要积极统筹未来对农村科技人才的持久培育计划。一要有国际眼光，放开视野选人才。突出“高精尖缺”导向，以更宽广的眼界、思路和胸襟，加快引进高层次农业科技创新人才。二要有主体观念，持之以恒育人才。要把培养和支持现有人才放在重要位置，切实用好现有人才，稳定关键人才，培养未来人才。统筹好科研、科辅、支撑、管理等各类人才的培养，加快形成衔接有序、梯次配备的人才结构。三要有重点方向，聚焦青年人才。要把青年人才作为培养重点，多提供平台和支持，激发他们的创新潜力，发挥他们的最大潜能。

建立以“以用为本”为导向的人才培养使用机制。要根据农业科研规律设计人才培养选拔机制，打破“以资历论英雄”的束缚，对看准了的人才，要多给他们“搭梯子”“压担子”，对他们重点培养、大胆使用、委以重任。要突出重点，特别是要加大对优秀青年人才的支持力度。健全以“名利双收”为目标的人才评价激励机制。要建立分类科学、激励有效的人才遴选和评价考核机制，避免对科研人员的频繁过度考核，鼓励他们持续研究、长期积累。既要加大对科技人员的荣誉褒奖和联系关心力度，给科技人员以“名”；更要建立与岗位职责要求相统一、更加体现知识价值导向的收入分配激励机制，给科技人员以“利”。营造以“潜心科研”为追求的人才成长环境。要赋予人才充分的科研和管理自主权，落实为人才“松绑”的改革要求，形成灵活高效、各具特色的人才工作机制。要多与一线科研人员交朋友，听取他们的意见建议，搭建尽展所长的发展平台。

（三）优化农业科技创新生态体系，完善农业科技创新激励机制

家庭农场主、合作社成员、专业大户及返乡创业人员等是农业科技

创新的原动力，迫切需要通过农村职业技术教育和农业知识技能培训改善其知识结构和能力结构，率先成为拥有互联网思维、掌握农业物联网应用技能的“智慧农民”。应加快构建稳定的政策支持体系，整合涉农培训资金和机构，形成培训合力；各地要根据区域特色及资源禀赋，设置专业和课程，采取“农学结合、弹性学制”的教学方式；同时积极研发在线课堂、互动课堂及认证考试的新型职业农民培训教育平台，努力实现技术教育与知识技能培训的移动化、智能化，促进广大农业从业者尽快成为懂科技、会经营、善创新的新型职业农民。①

2015 年 8 月，农业部发布的《关于深化农业科技体制机制改革加快实施创新驱动发展战略的意见》指出，强化顶层设计，优化科技资源布局、拓展科技创新领域、壮大农业科技力量、完善农业科技管理，构建适应产出高效、产品安全、资源节约、环境友好农业发展要求的技术体系，提升农业科技创新能力，为中国特色农业现代化建设提供强有力的科技支撑。完善农业科技创新激励机制，要加快落实科技成果转化收益、科技人员兼职取酬等制度规定，通过“后补助”等方式支持农业科技创新，实施农业科研杰出人才培养计划，深入推进科研成果权益改革试点，发展面向市场的新型农业技术研发、成果转化和产业孵化机构，完善符合农业科技创新规律的基础研究支持方式，建立差别化农业科技评价制度，还要加强农业知识产权保护和运用。如何完善农业科技创新激励机制，具体来说，有以下几个方面的对策和建议。

---

① 刘丽伟：《四方面发力完善农业创新生态系统》，《经济日报》2017 年 5 月 31 日。

1. 深化体制改革，提高科研院所与高校农业科技成果质量

建立健全农业科研与高校技术开发、推广与生产应用相结合的管理机制，继续深化农业科技改革，根据市场需求调整农业科研院所与高校科研结构、专业设置、人才配置、机制转换，形成有技术、有活力、有特色的新型农业科技创新运行机制。优先批准技术先进，实用性强、对粮食生产有明显经济效益并能自创条件尽快完成研究任务的科研立项。改进和完善成果鉴定制度，以先进实用为评价导向，保证鉴定质量，不成熟的成果或没有任何价值的研究结果通过鉴定进行责任追溯。鼓励农业科研院所和高校实地考察，开发粮食生产主体真正需要的产品。尽快建立全国性的科技成果交易平台，遵从“市场定价、挂牌交易”的农业科技成果转让，提高成果转化个人或团队收益比例。

2. 发挥农业职校优势，承上启下实现农业科技成果有效对接

高等农业院校可利用实验室推广基地，承担高产粮食作物的中试与成果展示，承担农业主管部门的粮食高产技术培训工作，抓好农民的技术培训方式创新，深化农民职业培训的改革与创新，与政府的农业推广部门合作及时地把市场需求的准确信息，把先进科学技术传递给农民。以种粮大户和科技示范户为载体，以点带面，农业职校可利用社会实践的机会，与粮食生产的主体进行实习合作，由学校老师对生产者进行培训和指导推广新成果的配套技术，给农校学生提供接触粮食生产的机会，为其在将来进入该领域做好准备。

3. 完善科技特派员联运机制，整合农村科技资源

加强科技特派员与高校科研院所的合作，从科研院所聘请专家作为

科技顾问，直接对农民进行科技指导，解决生产上遇到的各种难题。加强科技特派员与下派干部队伍的结合，互联互动，加强协作，共同进行农业科技人员驻乡镇。加强与农村技术员的合作，对村农技人员、有特长的乡土人才进行指导、培训，壮大农村基层科技工作力量。加强特派员参与行业科技服务组织和行业协会的建设，进一步发挥其在农业科技成果转化中的引导、服务、带动作用。鼓励科技特派员以“资金入股、技术参股、技术承包、有偿服务”等形式，与农民尤其是与专业大户，龙头企业结成经济共同体，进而增强农业科技成果的外力支撑和带动，构建以高校科研院所为依托，以科技特派员和产业带头人为主体，以乡土人才和农民为基础的宝塔型农业科技传导网络，增强科技特派员整体服务功能。[①]

专家观点

因地制宜推进乡村振兴

实施乡村振兴战略，必须破解人才瓶颈制约。要把人力资本开发放在首要位置，畅通智力、技术、管理下乡通道，造就更多乡土人才。这里有“两手抓”，一手要抓畅通引进人才通道，一手要抓培育农村人才队伍。

同时，乡村振兴要与地方实际情况结合起来，因地制宜推进，是摆在各地面前的现实问题。在实施乡村振兴战略过程中，要做

① 赵宾:《进一步完善农业科技创新激励机制的建议》，民建中央网 2017 年 2 月 28 日。

到既不盲目模仿，也不盲目探索；既要充分借鉴成功经验，又不能拘泥于典型。

——农业农村部农村经济研究中心主任、研究员 宋洪远

科学技术是第一生产力。以习近平新时代中国特色社会主义思想为指导，深入贯彻党的十九大精神，按照乡村振兴“产业兴旺、生态宜居、乡风文明、治理有效、生活富裕”总要求，加强农村科技服务体系建设，发挥科技人才支撑作用，促进“三农”发展深化农村供给侧结构性改革，支撑引领乡村全面振兴和农业农村现代化。

典型案例

陕西省深入推行科技特派员制度

2017 年 2 月，陕西省人民政府办公厅印发了《关于深入推行科技特派员制度的实施意见》（以下简称《意见》），促使科技资源向基层流动，推进区域科技创新，使科技创新成为县域经济发展的新动能。

根据《意见》，到 2020 年，陕西省将建设省市县三级 3 万人的科技特派员队伍。在陕西省高校、科研院所、科技中介服务机构以及龙头企业等企事业法人单位中认定 100 个法人科技特派员；建设国家级和省级农业科技园区 30 个，组建省级农业科技创新战略联盟 20 个，建成科技特派员示范基地 500 个；建设省级以上“星创天地”100 个，完善农村科技信息服务平台，支持科技特派

员领办、创办、协办的科技型企业和农民专业合作社，不断优化农村创新创业环境，引导广大科技人员深入农村创业服务。

为此，陕西省确定了一系列重点任务：引导大学生、返乡农民工、退伍转业军人、退休技术人员、农村青年、农村妇女等参与农村科技创业。个人科技特派员每届任期2年，鼓励连任；引导高校、科研院所、农业科技型企业以及科技中介服务机构等，作为法人科技特派员带动农民创新创业，服务产业和区域发展；成立陕西省科技特派员行业协会，各县成立法人科技特派员工作站；推广西北农林科技大学的“大学农技服务模式”和大荔县的以企业为主体的“大荔模式”，创建以科研院所为主体的“院所法人特派员模式”；发挥农业科技园区承载功能，加强创新品牌培育，实现技术、信息、金融和产业联动发展，支持科技特派员对接当地需求，建设科技特派员示范基地；建设科技特派员信息服务系统，将科技特派员纳入系统统一管理；鼓励科技特派员到境外创新创业，建立基地，促进陕西省种业、果业、畜牧等产业走出去，提升国际竞争力。

同时，《意见》还制定了一系列保障措施，如对深入农村开展科技创业的，在5年时间内保留其人事关系，享有参加职称评聘、岗位等级晋升和社会保险等方面的权利，期满后可以根据本人意愿选择辞职创业或回原单位工作。陕西省政府将对作出突出贡献的优秀科技特派员、科技特派员派出单位以及相关组织管理机构等按照有关规定予以表彰。

（陕西文明网2017年2月24日）

延伸阅读

1. 中共中央宣传部理论局：《新时代中国发展面对面》，学习出版社、人民出版社2019年版。

2. 中共中央党史研究室：《习近平关于全面建成小康社会论述摘编》，中央文献出版社2016年版。

3. 杨信礼：《重读〈实践论〉〈矛盾论〉》，人民出版社2014年版。

深度思考

1. 乡村振兴，关键在科技，希望在人才。要充分认识到建设乡村振兴科技支撑体系的重要性、紧迫性。那么，如何发挥农业科技在乡村振兴战略中的支撑引领作用？

2.1999年，福建南平率先推出科技特派员制度，并很快辐射到全国。如今，科技特派员制度实施了近20年，那么，科技特派员在实施乡村振兴战略中发挥什么样的作用？

3. 近年来，国家出台了多项政策，积极引导和保障专业技术人才扎根基层，尤其是科技人才。俗话说："村里有个'科技明白人'，等于有个'活财神'。"农技人员等专业技术人才，在农业农村现代化发展中将越来越重要。那么，如何建立专业人才、科技人才参与乡村振兴机制？

第六章

挖掘乡土文化本土人才

文化是一个国家、一个民族的灵魂。乡村文化是中华文明的源头，是劳动人民智慧的结晶，是中华民族最厚实和牢固的基础。《乡村振兴战略规划（2018—2022年）》中明确指出，加强规划引导、典型示范，挖掘培养乡土文化本土人才，建设一批特色鲜明、优势突出的农耕文化产业展示区，打造一批特色文化产业乡镇、文化产业特色村和文化产业群。培育挖掘乡土文化本土人才，加强基层文化队伍培训，培养一支懂文艺、爱农村、爱农民、专兼职相结合的农村文化工作队伍，引导企业家、文化工作者、退休人员、文化志愿者等投身乡村文化建设，丰富农村文化业态。

一、文化助力乡村振兴

乡村文化是中华传统文化的重要组成部分。改革开放以来，现代化生产模式给乡村传统发展模式带来了冲击，现代化的商业逻辑也消解着传统的乡村文化。许多乡村不仅流失了青壮年劳动力，陷入发展困境，更面临文化枯竭的难题。习近平总书记多次强调，小康不小康，关键看老乡。全面建成小康社会，乡村是关键；实施乡村振兴战略，文化是重点。文化引领是乡村振兴的内在驱动力，更可以转化为乡村振兴的物质基础。

为了建设可持续的良性文化生态环境，我国现代化农村建设需要从乡村文化产业体系、文化生产体系及文化经营体系这三个角度去着手。现代化产业体系的建设首先要明确当地农村具有独特性的文化资源包括自然风光、民风民俗、历史文化、民族文化等，与当地政府及管理部门做到规划上的协同，对当地文化资源进行高度整合，从产业发展的视角进行开发、规划。其次在实际的操作中，要控制实践中相互之间的协调工作。对乡村文化产品的属性要具备精准的认识，从政策、资金、效益、市场等方面进行统筹规划，做到乡村文化商品的全面有机结合。传统农业生产体系主要是以农林牧渔生产资源为主，文化事业建设环境中的农业生产体系主要是以文化资源为产品，创意商品为内容，激发农业以外的乡村文化经济内活力。文化生产体系首先要做到发挥自然资源和生态环境的优势，提升农村的生活环境，为体验乡村文化产品的消费者提供一个舒适的娱乐休闲环境。再次要树立全新的乡村文化管理理念，对乡村文化市场的资源配置及乡村文化企业的进入提供有利的发展环境。文化经营体系要从产品传播和产业链增值及延长两个视角去分析。产品传播上要抓住当地具备的独特文化资源优势，利用现代化手段，制作专门宣传当地文化的 APP 、微信公众号、短视频等充分利用媒体的传播性达到宣传作用。在产业链增值及延长上要深度挖掘文化产品的属性，找出在与其他产业进行交错和融合过程中所形成的衍生产品，并对其进行二次开发和利用。

乡村中具有生产能力、文艺技能的人口正在减少，人口结构失调，乡村文化振兴能力进一步减弱。大部分乡村青年觉得乡村的生活方式是落伍的、单调的，对乡村文化与产业经济逐渐失去了自信心。乡村文化生活中除了缺乏基本的人力资源来运行公共生活外，更缺乏组织社会生活的有效载体和管理机制。一些优秀民俗活动形式失去了运行基础，如戏曲、舞龙、灯谜、划龙舟等优秀的民俗活动正在隐退，尽管在非遗保护中做了大量的工作，但依然难以复兴。乡村文化礼堂、乡村大舞台在植入性的文艺演出之后往往成了乡村文化展厅和酒宴场所。就目前而言，乡村文化的建设与振兴缺乏专业人才（包括文艺队伍）、缺乏布局规划、缺乏品牌作品、缺乏相应的运作机制，更缺乏有推动能力的管理者，急需文化艺术资源下乡，让更多专业人士去规划、指导和引领乡村文化振兴。我们应通过建立完善乡村公共文化服务体系，培养文化人才，做好优秀传统文化的创造性转化，加强乡村思想道德建设，弘扬文明乡风，带动农民精神风貌提升，为乡村振兴提供源源不断的文化支撑、智力支持和精神动力。

二、健全乡村公共文化服务体系

按照有标准、有网络、有内容、有人才的要求，健全乡村公共文化服务体系。发挥县级公共文化机构辐射作用，推进基层综合性文化服务中心建设，实现乡、村两级公共文化服务全覆盖，提升服务效能。深入推进文化惠民，公共文化资源要重点向乡村倾斜，提供更多更好的农村公共文化产品和服务。

（一）乡村公共文化服务体系建设的基本原则

我国的乡村具有多样性、地域性、民族性等多种复杂的特性，结合政府的扶持政策，因地制宜才是加强我国乡村公共文化建设的基本原则。

乡村的文化建设环境相较于城市文化建设环境难度更大、任务更艰巨。要通过突出乡村建设中的文化底蕴、本土的人文优势，找出乡村在转型升级的过程中既能保留传统文化基因又能吸收现代化的文化供给的积极因素；缩小整个文化体系建设的层次差距，改善和健全我国乡村在整个文化建设事业中薄弱的部分；探寻乡村文化建设中的共性问题，并结合乡村综合的环境条件，提出可行性建议，进而为全面建设良性文化生态提供一些支撑。

（二）乡村公共文化服务体系的建设途径

我国的城乡文化发展目前还存在着一定的差距，国家对乡村文化事业的投入资金及文化支持项目远远低于城市；乡村的文化活动匮乏，文化消费水平有限；文化设施设备落后贫乏，难以发挥载体的作用，都是乡村文化事业建设中目前急需解决的问题。乡村公共文化服务体系的建设主要从以下几个途径着手。

一要加大投入乡村文化建设的财政资金，设立针对乡村公共文化服务的专项资金，保证乡村的公共文化产品供给。

二要全方位培育市场资源，拓展和开发资金来源渠道，建立多元化的筹资机制，发挥非营利性组织的作用，吸引个人及家庭的闲散流动资金，既可以解决乡村公共文化服务建设中出现的财政问题，还可以有效解决乡村在建设公共文化服务的过程中出现的因财款流动不畅引起的文化产品供需问题。

三要充分了解农民群众的文化需求，以切实满足农民群众的文化需求为导向，建立与健全农民对文化产品的需求表达与反馈机制，了解和明确他们对文化产品的认知需求，提供相应使农民群众对于接收到的文化产品所反馈的信息能快速顺利地传达到当地的管理、决策部门，使当地的管理、决策部门能够更精准、更切实地接收到当地农民的文化需求，从而为当地的农民群众提供更有质量、更符合当地人文需求的文化服务。

四要加强当地文化管理干部的队伍建设，为乡村文化配备专业的管理和指导人员，保障乡村文化活动的组织、开展，并且可以确保乡村文化活动的内容质量。从农民群众的文化需求出发，积极组织群众喜爱或者农民群众所想充实文化要素的重点文化活动。

五要加强乡村文化体育的物资管理，建立统一的管理制度，由专门的管理及服务人员进行定期检查，健全乡村文化体育服务的建设。

六要当地文化管理部门对乡村文化遗产保护方面应该进一步进行加强和巩固，从内部上应该不断提升当地农民群众对家乡文化的保护意识。从外部上应该有效培育地方独特的公共文化品牌，打造具有当地文化特色及独特属性的文化品牌。

三、支持“三农”题材文艺创作生产

支持“三农”题材文艺创作生产，鼓励文艺工作者不断推出反映农民生产生活尤其是乡村振兴实践的优秀文艺作品，充分展示新时代农村农民的精神面貌。

（一）用艺术点亮乡村

遍览中外特色乡村建设实例，可以发现：因为艺术，同样是世外桃源，可以有一百种演绎，同样是巴山蜀雨，可以有一百种形态。艺术可以让人们记住乡村生活之美，让人重拾不能割舍的乡愁，满足现代生活的精神诉求。它让乡村人找到自我，愿意住下来，让城市人得到心灵慰藉，愿意留下来。用艺术改变乡村，激发乡村的内在潜能，塑造现代村庄风貌，不仅可以唤醒乡村文化的振兴，更能带动乡村的社会经济发展。

用艺术提升乡村价值魅力。艺术是提升产品文化价值的重要手段，建立以艺术体验感知为导引的产品品牌，用艺术设计包装乡村产品，注入体现地域特色的优秀设计元素，是加大力度促进农村产品品牌设计的有效手段。比如，四川蒲江的明月村，村民们世代守着 7000 亩雷竹园、3000 亩茶园，以及一口 300 多岁的古窑，过着制陶、种茶、农作的平凡日子。乡村建设者以纯手工制作和天然矿物釉为特色，在传承唐代邛窑古风基础上，打造“明月窑”品牌。不过四五年间，古老的明月村已成为明月国际陶艺村，引无数人慕名而来。乡村文化品牌是农耕文化的精华和竞争优势，我们要集中挖掘整理当地村落文化和民俗文化，丰富和完善乡村文化内容，打造因地制宜、独具特色的艺术乡村品牌。①

用艺术推动乡村融合发展。结合区位交通、生态资源、人文资源、旅游资源优势，利用乡村人文景观、民风民俗、生态农业、地域特色旅游、乡村风情探索、农家乐等特有资源，建设和发展一批新型复合型艺术乡村示范基地，让传统乡村重放光芒。比如，火爆“抖音”的浮云牧场视频。在视频中，推开窗是壮观的雪山，脚下是不断变幻的云彩，晚上抬起头是漫天的繁星。浮云牧场不是“单打独斗”的一处景点，如果

① 王勇：《用艺术点亮乡村》，《人民日报》2019 年 1 月 11 日。

从成都自驾，可以沿317国道顺路看桃坪羌寨、棉虒古镇、映秀等。这些规划建设，可以推进“文化创意、旅游创新、农民创收”相互渗透、相互促进、相互融合。采用“以点带面”的工作方式，把艺术乡村典型模式和典型做法通过不同类型的媒体宣传出去，能够促进艺术乡村先进经验及模式在乡村广泛传播。①

（二）弘扬传统艺术，挖掘非物质文化遗产的多元价值，助力乡村振兴

非物质文化遗产是各族人民世代传承并将其视为精神宝库的传统文化表现形式，以及与此相关的实物与场所。在绵亘千年的悠久历史中，广大乡村地区形成了各具特色、形式丰富的非物质文化遗产，它们是历史的见证者，也是乡村文化的重要组成部分。从戏曲舞蹈到神话传说，从手工技艺到中医典藏，吸吮着中国人创造活力与历史养分的非物质文化遗产，在当代乡村发展进程中具有重要意义。挖掘、善用非物质文化遗产的多元价值，可以助推乡村振兴战略的开展。

知识链接

文化衍生产品

依托文化产品本体所衍生的信息、知识及审美价值，通过物化手段来表达特定文化内涵的特色文化产品。是通过将文化衍生本体的文化精神浓缩为文化符号，并通过艺术创造将其转化为实

① 王勇：《用艺术点亮乡村》，《人民日报》2019年1月11日。

物形式的文化产品。其开发是文化产业链中的重要环节。如动漫衍生品就是利用动漫中的原创人物形象，经过精心设计，所开发制造出的一系列可供售卖的产品。包括以动漫为主概念的玩具、食品、饰品等实物，也包括音乐、录像、书籍等文化产品，它们更能以形象授权方式衍生到更广泛的领域。

非物质文化遗产是劳动者创造力的重要载体，是乡村文化精华的集中体现。乡村地区的非物质文化遗产世代传承，经过了历史的洗礼，展现出历久弥新的生机活力。作为祖祖辈辈传承的技艺与文化活动，非物质文化遗产在广大乡村地区具有极高的参与度，也带给乡村居民精神文化享受。保护和传承非物质文化遗产，是对乡村文化精华的继承与发扬，是丰富广大村民精神文化生活的有效方式，有利于改善乡村精神文化风貌，凝聚人心、共谋发展。

以非物质文化遗产为基础的产业发展为乡村群众致富提供了新渠道。长期以来，我国乡村地区产业模式单一且落后，生产投入大、附加值低的问题突出，影响农民收入与生活质量的提高，也制约着乡村地区的整体发展进程。乡村振兴归根结底是要找到一条可持续的创新发展道路，扭转乡村陈旧的发展模式，其中产业创新至关重要。文化引领乡村振兴，就是要充分发挥文化的作用，推动乡村产业升级，提高产业附加价值。而充分挖掘非物质文化遗产的产业价值，在此基础上形成特色化、集群化的产业类型，能够为村民提供致富渠道，适应乡村发展的实际需要。[①]

① 王娟：《文化引领乡村振兴的有效途径》，《人民论坛》2018 年第 16 期。

知识链接

非物质文化遗产

根据《中华人民共和国非物质文化遗产法》规定：非物质文化遗产是指各族人民世代相传并视为其文化遗产组成部分的各种传统文化表现形式，以及与传统文化表现形式相关的实物和场所。主要包括：传统口头文学以及作为其载体的语言；传统美术、（梅花篆字）书法、音乐、舞蹈、戏剧、曲艺和杂技；传统技艺、医药和历法；传统礼仪、节庆等民俗；传统体育和游艺；其他非物质文化遗产。属于非物质文化遗产组成部分的实物和场所，凡属文物的，适用《中华人民共和国文物保护法》的有关规定。

（三）政策支持推出繁荣农村题材的文艺创作

为提升文化文艺工作服务乡村振兴战略的能力水平，繁荣新形势下农村现实题材文艺创作，唱响新时代农村建设赞歌，各地方纷纷出台意见繁荣农村现实题材文艺创作。

以戏曲、曲艺、音乐、舞蹈等群众喜闻乐见的艺术形式为载体，加大“三农”题材文艺创作生产力度，深入挖掘乡村振兴战略进程中的重大事件、重大成果、先进事迹、鲜活事例，创作推出一批展示当前乡村振兴重大成就、反映当代农民精神风貌的优秀文艺作品，努力丰富农民文化生活、改善农民精神风貌、提升农村文明程度。

各级文化部门、文艺单位进一步完善“深入生活、扎根人民”主题实践活动工作机制，落实活动经费，创新实现形式，支持文艺工作者带着题目、带着任务、带着目标深入乡村体验生活、采风创作。广大文艺工作者要自觉学习习近平总书记文艺工作座谈会重要讲话等关于文艺工作的系列重要指示精神，自觉走进基层、走进一线、走进群众，体验群众生活、体会百姓情感、体悟大众心声，创作推出更多正能量富集、感染力强、农民喜闻乐见的优秀文艺作品。

用好全国基层院团展演、文化艺术节、新创作小型剧（节）目评比展演等国家级、省级展演展示平台，多形式推动跨区域传播交流。鼓励各级各类文艺单位，以共同创作、参与创作、购买版权、学习移植等多种形式，提高农村现实题材优秀作品覆盖率。在农村开展现实题材作品征集活动，通过无偿征集、买断版权、公益推广等多种方式，收集汇总一批农村现实题材优秀剧（节）目，供基层艺术团体免费创排、演出。灵活运用省市县三级联合购买公益演出服务政策，择优遴选一批反映乡规民约、移风易俗、扶贫扶志、家教家风的优秀农村现实题材文艺作品，纳入政府购买目录，深入各地开展巡演，优先支持农村现实题材优秀作品参加送戏下乡、送艺术进校园活动。探索运用“文艺＋互联网”手段，推出更多思想主题健康、艺术水平高超、群众喜闻乐见、适于网络传播的农村现实题材文艺精品。将群众喜爱的优秀剧（节）目视频或精彩片段上传网络，促进优秀文艺作品网上传播。

鼓励各地文艺单位通过设立基层共建基地、开展“结对子”帮扶、吸收基层文艺工作者进团学习、帮助基层举办专业辅导培训、为基层重点艺术创作提供高素质艺术人才支持等多种方式，积极搭建与基层单位交流平台，充分发挥农村“一村一年一场戏”免费送戏工程等文化惠民政策，积极培育民间演艺力量，推动民营剧团、庄户剧团规范化建设。支持各县（市、区）组建县级职业剧团，鼓励有条件的乡镇（街道）成立艺术团、演出队。综合运用政府购买、补贴以及与社会资本合作、公益创投、公益众筹等多种模式，鼓励和引导社会力量设立艺术表演团（组），开展农村现实题材舞台艺术作品创作及演出。

以基层综合文化服务中心建设为抓手，整合资源，完善机制，分期建立覆盖全省所有乡镇、村的综合文化服务中心和农村文化广场。利用乡村文化资源，结合现代数字化传播技术，打造适应新时代农民需求的文化活动和服务品牌。壮大乡村文化工作队伍，发展社会文艺团队和农村文化协会组织，建立完善乡村文化工作网络。

典型案例

云南曲靖涌现一批“农村文化户”

近年来，云南省曲靖市涌现出一批“农村文化户”，成为“精神上解闷，经济上解困”的乡村文化带头人。村民自发组建舞蹈团，自编自演文艺节目，从乡村舞台走向国际市场，更有一部分农村文化户发展成为独资公司、股份制民营艺术团，呈现出规模化、产业化发展态势。从曲靖农村文化被激活后呈现出的良性循环，可以看出搞活农村文化有利于发展经济，同时也使得人的精神变得丰富，搞活农村文化，有利于满足人民日益增长的美好生活需要，有利于激发乡村振兴的文化动力，曲靖“农村文化户”的经验值得借鉴。

年近60岁的荆艳英早年是一名舞蹈教师，退休后与其他舞蹈爱好者在曲靖市麒麟区白石江街道综合文化服务站组建了“巾帼舞蹈团”。荆艳英告诉记者，舞蹈团成员大都是农民，大家定期排练，参加各类文艺汇演活动，还曾出国演出。舞蹈团的很多歌舞节目都取材于乡村生活，通过挖掘传统文化和乡村原生态元素，围绕爱党爱国、孝亲友邻、敬老爱幼等主题进行创作，弘扬正能量。

像“巾帼舞蹈团”一样，还有很多农村文化户在曲靖市广大社区、乡村逐渐兴起。如陆良县马街镇“牡丹艺术团”，拥有2部演出车辆、上百种道具和高级音响，演员20多人，其中年龄最大的60岁，最小的20岁，全团年收入超过40万元。

“农村的事情还是得农民自己来办，农村的舞台应该属于农民。”曲靖市文体局局长纪爱华介绍，从20世纪80年代开始，曲靖市师宗县、陆良县的农村地区产生了曲靖最早的农村文化团体，农民白天忙农活，晚上排练节目，以休闲娱乐为主。随着市场意识增强，农村文艺演出队开始向商业化和市场化发展。不少农村文化户是优秀曲艺、技艺的传承人，从“单打独斗”到组成联合体，使传统文化得到更好地保护和传承。还有不少农村文化户以小品、相声等群众喜闻乐见的表演形式，宣传党的方针政策。

曲靖市近年来以创建国家公共文化服务体系示范区为契机，在公共文化基础设施建设、政策倾斜、资金投入、人才引进和培养、业务培训等方面给予农村文化户扶持，形成了“政府主导、社会参与、农民自办、市场运作”的发展模式。比如，根据《曲靖市农村文化户（文化联合体）奖励暂行办法》规定，曲靖市每年拿出专项资金，通过“以奖代补”形式对发展较好的农村文化户（联合体）进行表彰。

目前，曲靖市共有从事和经营文艺演出、影视制作、影视放映、根雕、奇石、摄影等文化行业的农村文化户近1800户，从业人员达2万多人，年开展活动20余万次，年产生经济效益近1.5亿元。一部分农村文化户发展成为独资公司、股份制民营艺术团，呈现出规模化、产业化发展态势。

（白靖利、字强:《云南曲靖:“农村文化户”激活乡村振兴文化动力》,《新华每日电讯》2018年6月26日）

四、发挥乡土文化人才作用，推进乡土文化建设

培育挖掘乡土文化本土人才，开展文化结对帮扶，引导社会各界人士投身乡村文化建设。活跃繁荣农村文化市场，丰富农村文化业态，加强农村文化市场监管。通过梳理乡村的文化形态、查找短板，充分发挥城市优势资源助力乡村文化振兴，一是推进升级版“三下乡”，即智力下乡、作品下乡、人才下乡，解决乡村文化人才短缺问题；二是拓宽文化艺术下乡的有效路径，全面助力乡村文化振兴。

（一）推进升级版“三下乡”

1. 推进智力下乡，助力乡村谋篇布局

乡村文化振兴，统筹规划是关键。必须立足大文化概念，以本土文化为基础，以更高的视野和长远发展战略做好布局。目前，一些乡村文

化品牌项目的实施中出现了一些缺乏规划、缺乏整体推进的现象，如“盲目打造花海”“无端建造‘洋项目’”“重复建设风情区”。因此，急需文化艺术专业人士参与到项目的规划与设计中，把握好大格局、大方向，特色化、差异化地推动乡村文化品牌的打造，并且要充分发挥村民的主体使命，上下结合，梳理乡村的文脉和文化基因，强调个性与特色，关注和把握文化的传承与发展。

2. 推进作品下乡，挖掘内涵创特色

乡村文化振兴要强调个性、强调特色。要尊重村庄的历史、尊重当地的资源环境、尊重村民的发展愿望和需求，还要关注乡村的未来和设计的可持续性。就目前农村的文化团队而言，他们无法完成作品的创作、品牌的打造，需要文化艺术界专业人士有针对性地进行创作，完善后进行植入。如通过输入表演性作品（如文艺展演、民艺展示）充实乡村文化礼堂；美术与设计人才从事村庄美化、公共基础设施建设、文化项目（包括景观）的打造。从而形成民族风情与产业特色突出、个性语言鲜明的乡村文化。

3. 推进人才下乡，提升内生动力，形成长效机制

乡村振兴需要人才，党中央和国务院确定了乡村振兴的总方向、总方针，而具体政策措施实施则需要各界人才介入，在实地实操中有针对性地进行探索与实践。乡村文化振兴需要建立更多的平台，让各方力量联合起来，这样才能形成建设的合力。推进文化艺术人才下乡，有效发挥各专业的特长和优势，多渠道着力推进文化建设。

（二）拓宽文化艺术下乡的有效路径

文艺的生命之源是创新，广阔的乡村大地为艺术创作提供了无尽的源泉。通过实践，为艺术家开阔视野与思维提供无限可能性；通过实践，也可以发挥村民自主力，激发原动力，从而提升乡村振兴主体持续的内生动力。在此基础上关注村民的需求与亮点的展示，挖掘特色项目，培养专业人才，建立有效运行机制与载体，从而建立乡村文化振兴长效机制。

1. 整体谋划，多种路径全面推进文化艺术下乡，繁荣乡村文化艺术

整体谋划乡村文化发展，多种路径全面推进文化艺术下乡。要充分发挥各级政府、文艺团体、艺术机构、高等院校的资源和人才优势，推进文化艺术下乡，改变乡村内生动力；利用乡村艺术舞台、农家书屋、文化活动室、送电影下乡等平台全力推动文化艺术下乡、志愿者下乡、大学生艺术实践，帮助农民全面提升文化艺术素养。通过乡村文化礼堂、农家书屋等载体开展常态化的文化惠民活动，立足乡村文明，挖掘乡村文化潜力，培育良好的乡风文明，繁荣乡村文化艺术。文化艺术下乡的形式可以是项目合作、配合乡村文化活动、定点长期对接等方式开展。

2. 定点推进，打造精品，实现乡村文化品牌的内涵提升

根据乡村实际，深入调研，从农村的需求出发，跟农民对接、融合，为乡村发展整体谋划，定点推进，打造精品，实现乡村文化品牌的内涵提升。定点打造的项目可以是为乡村环境改造作总体规划，凸显乡村特色；从农村的文创资源出发，激发乡村主体的文化意识和动力，开发文创产品，推动产业升级；艺术家主动挖掘、创作富有地域和本土特色的

文艺节目，为乡村文化品牌打造增添亮点；对传统手工艺进行挖掘、梳理、植入，形成完整的传承与发展的特色文化。

3. 推动乡村文化礼堂（乡村大舞台）的转型升级，持续推进乡村文化建设

经过多年的建设、发展，乡村文化礼堂成效显著，但也存在管理缺乏长效机制、缺乏管理人才、缺乏文化品牌、礼堂功能发挥有限等问题。文化礼堂是农民公共文化活动的场所，是繁荣农村文化，形成文明乡风的重要平台，乡村文化振兴需要厚植文化力量。可以联合各部门组织开展“高校与乡村文化结亲帮扶”活动，从文化发展策略总体规划与管理、文化品牌的打造、人才的培养等多方面入手，打造乡村文化礼堂升级版，持续促进乡村文化建设。

4. 建立健全乡村文化人才队伍

乡村文化振兴不仅需要政府作为，更需要全社会的参与。为此，一要注意发挥基层党组织和党员先锋模范作用，成为文化阵地建设的倡导者、传播者和弘扬者。二要依托各级文化馆、文化人才培养基地等，大力培养、扶持基层文艺骨干、业余文化队伍和民间文艺社团。三要依托基层乡土文化能人、中小学教师、文艺爱好者等，组建乡村文化艺术团体、志愿者队伍，成为文化工作先行者。努力形成一个多阶层、多背景，既深入群众，又承接政府文化建设任务的乡村文化供给力量。

乡村是一个生活共同体，文化是乡村振兴的力量“凝聚枢”和发展“风向标”。振兴乡村文化，客观上可以起到活跃经济文化氛围、拓展社会生态空间、构建文化传播语境等作用。乡村振兴，文化必兴，乡村文

化的繁荣程度反映了乡村产业兴旺、生态宜居、乡风文明、治理有效、生活富裕的发展状况。只有乡村文化振兴，才能树立乡村文明新风，建设和谐美丽的乡村。挖掘乡土文化本土人才，不断完善乡村公共文化服务体系，多渠道多方式共同支持“三农”题材文艺创作生产，探索拓宽培育挖掘乡土人才的多重路径，达到提升乡民生产生活质量、文化综合素养和精神境界的目标。

延伸阅读

1. 北京爱故乡文化发展中心：《新时代乡贤 / 乡村振兴系列丛书 · 治理有效篇》，中国农业出版社 2018 年版。

2. 韩长赋：《行走阡陌 振兴乡村：农业农村部 2018 年“百乡万户调查”活动 60 个村实录》，中国农业出版社 2018 年版。

深度思考

1. 文化强则民族强，乡村振兴需要农民对文化自发的传承和发扬。如今，在不少农村，农民“一手拿锄头、一手拿毛笔”，写字、作诗、画画，精神文化生活十分丰富。在充分挖掘乡土文化本土人才的同时，如何注重与自身的历史特色相联系，将传统文化与现代文明融合，充分展现新时代农村地区的精神风貌？

2. 发展乡土文化和重建乡土价值，关键在于培育乡土文化人才，挖掘本土文化资源，坚定群众文化自信，扩宽乡土文化市场，培育乡土文化新业态。那么，培育乡土文化本土人才的具体途径有哪些？

3. 习近平总书记指出，要推动乡村文化振兴，加强农村思想道德建设和公共文化建设，深入挖掘优秀传统农耕文化蕴含的思想观念、人文精神、道德规范，培育挖掘乡土文化人才。请思考乡土文化本土人才的培育对于弘扬社会主义核心价值观有何重要意义？

第七章

鼓励社会各界投身乡村建设

《乡村振兴战略规划（2018—2022年）》对“鼓励社会人才投身乡村建设”作出明确要求：“建立健全激励机制，研究制定完善相关政策措施和管理办法，鼓励社会人才投身乡村建设。以乡情乡愁为纽带，引导和支持企业家、党政干部、专家学者、医生教师、规划师、建筑师、律师、技能人才等，通过下乡担任志愿者、投资兴业、行医办学、捐资捐物、法律服务等方式服务乡村振兴事业，允许符合要求的公职人员回乡任职。落实和完善融资贷款、配套设施建设补助、税费减免等扶持政策，引导工商资本积极投入乡村振兴事业。继续实施‘三区’（边远贫困地区、边疆民族地区和革命老区）人才支持计划，深入推进大学生村官工作，因地制宜实施‘三支一扶’、高校毕业生基层成长等计划，开展乡村振兴‘巾帼行动’、青春建功行动。建立城乡、区域、校地之间人才培养合作与交流机制。全面建立城市医生教师、科技文化人员等定期服务乡村机制。”

一、建立健全各类人才投身乡村的激励机制

不断深化农村改革，扩大农业对外开放，激活主体、激活要素、激活市场，调动各方力量投身乡村振兴。以科技创新引领和支撑乡村振兴，以人才汇聚推动和保障乡村振兴，增强农业农村自我发展动力。2018年中央一号文件提出：“畅通智力、技术、管理下乡通道，造就更多乡土人

才，聚天下人才而用之。”在返乡群体之外，还要关注下乡群体，加上各类社会力量参与，才能“众人拾柴火焰高”。

（一）探索人才服务乡村的多元模式

2018年中央一号文件提到了8类人群，2018年9月中共中央 国务院印发的《乡村振兴战略规划（2018—2022年）》再次指出：“以乡情乡愁为纽带，引导和支持企业家、党政干部、专家学者、医生教师、规划师、建筑师、律师、技能人才等，通过下乡担任志愿者、投资兴业、行医办学、捐资捐物、法律服务等方式服务乡村振兴事业……”这些都是乡村振兴急需的人才。除了鼓励原来出去打工现在又回来的农村人干农业外，还要欢迎各类的白领、海归、博士、高管等城市人才到农村创业。为此，国家也及时调整了政策。2018年1月国务院常务会议通过《关于进一步支持农民工等人员返乡下乡创业的意见》，提出返乡下乡人员一体看待，城市农村创业政策一体享受，如原来城市创业者首次创业且正常经营一年以上的有补贴，现在农村同样可以；还提出，实施促进农村创业的“五项行动”，为各类人才到农村提供便利和帮助。

鼓励各类人群投身农村，实质上需要坚持政府引导与市场推动相结合，人才服务与智力服务相结合的原则，构建内生性与强制性相结合的制度体系，探索人才服务乡村的多元模式，构建系统有效的激励机制。①

1. 构建各类人群投身农村的分类激励机制

除支持市场主体下乡回乡创业外，应制定规定性、激励性、考核性措施相结合的鼓励专业人才、党政人才下乡服务的政策，对于企事业单

---

① 王文强：《推动乡村人才振兴重在激励》，《湖南日报》2018年9月25日。

位专业人才下乡服务，与职称评定、工资、津贴补贴、社会保障等挂钩，支持离岗创业、兼职兼薪；对于党政干部、公职人员下乡任职，与干部交流、职务晋升、工资套改、体检休假等挂钩，尤其注重提拔在基层一线和困难艰苦地区锻炼成长的干部。

2. 构建为乡村提供智力服务的激励机制

按照不求所有、但求所用的原则，引导智力下乡，鼓励各类企事业单位和社会各界人才为乡村发展提供有针对性的技术服务、培训服务、咨询服务、产品流通服务等。政府应根据不同服务主体及其服务方式、服务成效实行不同的激励政策。

3. 构建城乡区域人才对口服务机制

为更好地发挥政策的激励作用，提高城市人才服务乡村的针对性，需要借鉴区域对口扶贫的经验，倡导构建起城市与乡村之间、区域与区域之间的人才对口服务机制，双方政府部门构建起相应的协作机制、人才下乡创业服务的保障机制，使人才服务乡村的目的明确、工作条件有保障。

4. 构建城乡一体的人口管理体制

进一步深化户籍制度改革，着力推进城乡公共服务均等化，加快剥离依附在户籍上的福利，着力构建城乡标准统一、有效衔接、转移方便的社会保障、教育、就业等公共服务制度，为城乡人才双向流动提供制度支撑。同时加强城市人才下乡相关保障制度建设，探索根据城市人才在农村居住时间与创业创新情况，保障参与自治、住房使用、土地流转经营及相关公共服务权益的制度安排。[①]

---

① 王文强：《推动乡村人才振兴重在激励》，《湖南日报》2018 年 9 月 25 日。

（二）建立吸引乡贤投身乡村的激励机制

城市和乡镇在公共服务与基础设施上的较大差距，是导致民众不愿意去乡村、不愿意留在乡村的关键原因。在乡贤组织运行过程中，要想依靠乡情乡愁吸引乡贤、留住乡贤，必须建立完善的乡贤激励保障机制，弘扬乡贤文化，鼓励和表彰乡贤对于乡村发展的贡献。一是在精神层面，建设乡贤图书馆、乡贤文化展览馆、乡贤文化长廊，举办新乡贤论坛、新乡贤交流会、新乡贤评选表彰活动等展示乡贤及乡贤文化，通过宣传优秀事迹、给予荣誉达到一定激励作用。二是在物质层面，根据地区经济发展的情况，在一定程度上保障乡贤享有相应的子女教育、社会保障、就业、住房保障等公共服务。三是在政治层面，促进乡贤参与乡镇组织选举或事务决策，符合入党条件的，吸纳乡贤加入党组织，从而使乡贤不想走、不愿走，全身心地投入乡村振兴的发展之中。

典型案例

浙江金华金东区深挖乡贤人才“富矿”
在希望的田野书写振兴故事

近年来，浙江省金华市金东区乡贤魏煌雄投资 2.7 亿元、占地 1500 亩的度假山庄正如火如荼地建设，他致力于将其打造成以乡村为载体的艺术殿堂。

乡村振兴，离不开人才振兴。近年来，金东区眼光向内聚焦乡贤，充分发挥金东乡贤人才在汇集信息、项目等方面的优势，为乡村振兴注入强劲动力。

“两会两站”聚乡贤

金东人杰地灵，金东籍人才遍布海内外，各类高层次人才超过100人。为此，金东区于2018年在北京、上海、深圳和杭州，分别成立“两会两站”，即金东乡贤总会四地分会、工商业联合会和金东区驻四地招商联络站、引才联络站。

2018年10月，金东成立乡贤总会，统揽全区乡贤人才工作。同时，在全区所有乡镇成立乡贤协会，加大本土在外乡贤的招引和联络力度，组织开展“我为家乡做件事”活动。在区外，进一步将乡贤招引延伸，建立87个乡贤联络站，不断挖掘在外乡贤资源，形成全覆盖的招引模式。

“两会两站”充分发挥机构职能作用服务乡贤，通过定期开展活动，增强乡贤的归属感。乡贤总会杭州分会联合杭州市金东商会法律咨询委员会，为乡贤会的广大会员提供法律咨询、普及和宣传服务，为会员企业的发展保驾护航。

奋战在乡村振兴的舞台

“星星之火，可以燎原。”在外的乡贤纷纷慷慨解囊，以拳拳赤子之心回报故土。澧浦乡贤、大北农科技集团股份有限公司董事长邵根伙，捐款1000万元，帮助完善澧浦镇农村居家养老服务。曹宅镇乡贤张秀捐助100万元，用于寺畈村建设两口新水塘。

除此之外，乡贤积极投身基层社会治理，充分发挥明事理、人头熟、资源广的优势，为村庄和谐稳定不懈努力。在源东乡浙中桃花源景区开发之初，需要部分村民让出部分土地。看到家乡开发，大部分村民积极配合，但也有个别村民不愿意，村干部干着急却使不上力。后来村里请源东乡贤、合丰禽业专业合作社理事长施金仙帮助上门做工作。“她在乡里很有威望，许多人都信服于她，我们请她帮忙，她很爽快地就答应了。”村支书说，施金仙答应帮忙后，很快就找到了相关农户，不厌其烦地跟他们说景区开发给大家生活带来的变化，终于说服了农户拆掉了破旧房子，建成了休闲广场。

2018 年以来，约有 340 余名乡贤积极投身于乡村振兴，他们或回村当起了“带头人”，或担任“红色网格长”，或兴建居家养老等公益项目，或捐资助学发展经济，美丽乡村建设在他们的努力下焕发新的生机。

为家乡经济注入活力

为加快乡贤项目落地，金东区出台《关于大力发展乡贤经济的实施意见》，坚持项目为王，在产业定位上，以高端制造、现代农业、商贸物流、文化旅游等与乡村振兴战略密切相关的产业为主，培育孵化乡贤经济项目尽快落地、产出。

孝顺镇乡贤孔小仙投资覆盖移动互联、生物科技、大数据等多个高新领域。在一次乡贤筹备会上，她看到了金东的区位优势，金义都市区有综合保税区、陆路港，各种商品从这里可以直接出口中东及欧洲。于是，她便想到了将中东地区最大的跨境电商移动平台——浙江执御的项目落户金东。该项目总投资超 4 亿元，将带动超 5000 家制造企业的发展，同时也为周边地区创造很多就业机会。

2018年召开的金东乡贤大会举行了重大项目集中签约仪式，签约项目共32个，计划总投资182.1亿元，其中工业项目（涉及新能源汽车、轨道交通装备、半导体、大健康、智能制造）投资占比最大，签约项目15个，总投资101.1亿元；数字经济及现代服务业8个，总投资60.3亿元；农旅项目9个，总投资20.7亿元，这些项目的签约为金东实体经济发展注入了新的活力。

“金妈妈”式的服务

金东区一直关心关爱乡贤人才发展，通过提供“金妈妈”式服务为乡贤各项工作保驾护航，不断完善乡贤回归项目审批、用地、金融等方面优惠政策，对重大回归项目，实行“一事一议”，由区领导“一对一”包办。

在政治引领上，同步建立17个乡贤党组织，定向发展乡贤党员，每年开展“金东杰出乡贤”评选，推选优秀乡贤为“两代表一委员”，邀请乡贤列席“两会”，建立“乡贤专项提案”制度。建立乡贤全员联系制度，区领导每人联系3名重点乡贤，每年举办金东乡贤大会和乡贤联谊会。在生活关爱上，着重解决乡贤“住房难”问题，兴建乡贤公寓，研究落实回归乡贤批基建房政策。解决乡贤亲人“照顾难”问题，实施“助贤抚老”工程，建立关爱乡贤亲属资金，代乡贤“尽孝”。

最是乡贤润桑梓，一个个乡贤人才助力乡村振兴的故事在这希望的田野上上演，成为高水平建设和美金东、高质量打造希望之城最有力的注脚。

（《中国组织人事报》2019年5月10日）

二、加快制定鼓励引导工商资本参与乡村振兴的扶持政策

工商资本参与乡村振兴能有效破解乡村发展的“人、地、钱”困境，对乡村振兴战略的实施有明显的带动效应。当前，工商资本逐渐进入农业领域，但层次上相对初级、结构相对单一，且以中小主体为主，以种养业态为主，农业龙头企业多以农产品加工为主，产业链、价值链、利益链开发不充分，而一二三产业融合发展潜力巨大。

（一）工商资本进入农业领域的阻碍因素

1. 土地关系稳定难

在现行土地制度下，工商资本下乡对土地租用的稳定性要求较高。当前，出于对租金上涨的预期和可能存在的征占用补偿问题，农民往往倾向于短期流转，流转期限一般在 3 年以下，个别地方甚至出现一季一流转的情况，这与工商资本中长期流转的期望相悖，不利于现代农业和乡村振兴产业发展。这一现象在二三产业鲜见，但在农业农村投资领域较普遍存在。

2. 用地指标落实难

国土资源部、农业农村部在《关于进一步支持设施农业健康发展的通知》中明确了设施农用地管理有关要求和支持政策。在当前严守基本农田红线和土地指标紧缺的大环境下，工商资本投资农业获取设施用地指标和建设用地指标的难度都很大，对符合条件的农业设施临时用地建设审批许可也可能因为操作从紧而难以落地。

3. 金融服务跟不上

工商资本进入农业领域反映在信贷上主要存在三个问题：一是缺少抵押物或者抵押物不符合金融机构要求，难以获得贷款审批；二是涉农项目投资长、见效慢，贷款的不确定因素多、风险大，影响信贷投入的积极性；三是农业领域投资风险控制制度远不及二三产业完善可控，尽管目前各地金融单位普遍设立“三农”工作部门，但农业农村领域经营主体小而散的现状加大了工作量和投资成本。

4. 投资领域不平衡

当前工商资本投资农业的领域大多集中在第一产业和第三产业，主要集中于种养业、观光餐饮民宿等项目，投资二产领域的较为稀少。工商资本以农业为主题投资一二三产业融合的田园综合体项目几近于空白，反倒是出现少数村级集体经济投资一二三产业融合的典型范例。从国内外工商资本参与乡村振兴较为发达的地区看，投资一二三产业融合体是工商资本的方向，也是乡村产业链、价值链、利益链所在。

5. 技术人才不充足

企业化生产要求规模化、集约化和标准化，技术含量高，而工商企业过去大都没有农业背景，进来后才发现搞农业同样需要懂技术的专门人才。人才少难聘到，而且聘到后也难留住人。受传统观念影响，高等院校和职业院校在涉农专业设置上尚未完全适应实施乡村振兴战略的需要，致使农业专业人才紧缺。

（二）鼓励引导工商资本深度参与乡村振兴的路径

国家对工商资本深度参与乡村振兴作出全面部署。从世界范围看，凡是农业农村发展好的国家和地区，工商资本都发挥了关键性作用，美国的“资本＋家庭农场”、法国的“资本＋合作社＋家庭农场”、日本的“直接投资”都是如此。随着多主体、多渠道、广领域的工商资本进入，打破了一家一户的生产组织方式，将新理念、新技术、先进管理模式等生产要素带入农业农村，逐渐破解制约乡村振兴的要素困境，对实现乡村振兴有深刻的影响。

1. 强化土地流转和建设用地指标保障

一是鼓励工商资本流转土地。建议制定并实施土地流转财政补贴政策；创新农用地经营权长期流转试点，探索“村级连片经营”等流转新模式；落实国家和省设施农业用地政策，鼓励利用非耕地建设农业设施。二是鼓励农户中长期流转土地。政府可用以奖代补的综合政策工具引导工商企业与农户签订稳定性高的流转合同；支持“公司＋农户”共同发展，通过签订订单合同、领办创办农民合作社、提供土地托管服务等方式，让农民更多地分享产业增值权益。三是鼓励工商资本通过村级集体组织对闲置农房统筹有效使用。在当前用地政策趋紧、设施用地难以落实的大背景下，用流转使用承包地方式流转使用闲置农房，既可解决设施用房急需，也可减少占用耕地，还可解决农民增收和社会管理问题。四是鼓励多渠道多途径为工商资本投资农业农村发展供给建设用地。落实国有建设用地以长期租赁、先租后让、租让结合方式提供乡村休闲游建设用地政策；城乡建设用地增减挂钩节约建设用地指标优先用于发展休闲农业和乡村旅游；允许对通过村庄整治、宅基地整理等方式节约的建设用地采取入股、联营等方式，重点支持都市田园综合体创建和农村产业融合发展；允许将通过土地整治、美丽乡村、生态特色小镇、郊野公园建设增加的耕地作为占补平衡补充耕地指标，按照“谁投入、谁受益”的原则返还指标交易收益。

知识链接

“公司 + 农户”模式

规模化养殖企业主要有自繁自养和“公司 + 农户”（这里的农户指从事专业化养殖的家庭农场）两种模式。综合而言，两者各有优劣势，主要看养殖企业与所处养殖地区的实际情况。“公司 + 农户”或将成为行业的主流模式。中央、部委、地方三层政策均鼓励“公司 + 农户”模式的发展。2017 年 5 月，中共中央办公厅、国务院办公厅发布《关于加快构建政策体系培育新型农业经营主体的意见》，提出“加快培育新型农业经营主体，加快形成以农户家庭经营为基础、合作与联合为纽带、社会化服务为支撑的立体式复合型现代农业经营体系”。随后，2017 年 10 月 13 日，农业部、发改委、财政部、国土资源部、人民银行、税务总局六部委联合印发《关于促进农业产业化联合体发展的指导意见》，意见指出“农业产业化联合体是龙头企业、农民合作社和家庭农场等新型农业经营主体以分工协作为前提，以规模经营为依托，以利益联结为纽带的一体化农业经营组织联盟”。强调要促进龙头企业、农民合作社和家庭农场互助服务”。

2. 加强引导明确工商资本投资重点领域

一是引导工商资本进入适合企业化经营的现代种养业。鼓励工商资本投资，资本、技术密集型产业，把产业链、价值链、供应链等现代经营理念和产业组织方式引入农业，优化资源配置。其中，专业大户和家庭农场作为土地主要经营者，应更多鼓励投入现代种养业，提升土地产出效益。二是引导工商资本发展农产品加工业。鼓励工商资本投资建设农产品加工企业，或通过技术入股、资金入股、联合经营等方式与农业产业化龙头企业合作，提升农产品加工水平。三是引导工商资本发展农业新兴业态。鼓励工商资本把高新技术、新兴业态、新商业模式引入农业，大力发展农产品电子商务、“互联网 +”、冷链物流等新型经营业态，以市场为导向，大力发展特色农业、品牌农业、生态循环农业，示范引领农业现代化进程。

3. 规划建设一批工商资本参与乡村振兴项目

实施工商资本项目带动战略。一是筛选一批工商资本参与乡村振兴的项目。建议相关职能部门对有投资意向的工商资本进行调查摸底，注重与乡村振兴规划搞好衔接，按照乡村振兴战略目标，突出农村一二三产业融合、基础设施建设、公共服务等领域，筛选一批投资规模大、产业关联度高、辐射效应强的工商资本参与乡村振兴项目，建立工商资本参与乡村振兴重点项目库。二是开展工商资本参与乡村振兴项目推介招商活动。成立专门机构，依托国家和省、市各类农业博览会、投资贸易洽谈会、农业投资情况说明会等载体，搭建投资对接平台，发挥好企业招商主体作用，将策划包装的项目与有投资意向的工商资本企业进行对接，促成双方合作。三是建立工商资本参与乡村振兴项目推进机制。建议研究借鉴先进地区经验，并考虑涉农项目建设周期长的特殊性，围绕提供从落地注册、施工建设、要素保障、安全环保等全流程服务，构建简政放权、优化前置、并联审批、现场办公、负面清单、信用管理、阳光监管等服务体系，及时解决企业困难。

4. 做好政府服务提供有效支持和保障

一是信息服务。依托现有公共资源交易中心、行政服务中心公开农村土地流转相关信息；建立和完善农产品产销信息、土地流转信息网络，为企业提供农业产业投资指南和法律法规咨询服务。二是专业服务。涉农部门和农技推广等机构定期联系企业，及时指导企业解决生产过程中的技术难题；农业龙头企业要放大资金优势，提供育种、肥药、加工、仓储、销售等产前、产后服务；人力资源部门要帮助工商企业加强与农业大专院校和农业科研机构的联系，保障专业人才供给和加快科研成果转化；在土地流转比较集中的地区建立农村劳务合作社，加强劳动力培训，促进劳动力供需对接。三是金融服务。发挥政策性农业担保优势，放大城乡一体化引导基金与金融机构开发工商项目投资；充分运用银行扶贫再贷款资金，为涉农企业提供资金支持；引导金融机构创新金融产品，探索设施设备、土地经营权等多种抵押贷款方式；设立农业产业化投资基金，引导工商资本增加投入；积极推进农业保险，有针对性地增加保险品种和覆盖范围。四是政策服务。2018 年中央一号文件提出要“加快制定鼓励引导工商资本参与乡村振兴的指导意见”，部分地方已相继出台了鼓励和规范工商资本下乡的意见。

三、建立城乡、区域、校地之间人才培养合作与交流机制

（一）实施区域范围内城乡人才培养资源的集约化统筹发展

在城乡区域人才资源总量有限的约束下，尤其是城乡人才培养的教育资源的粗放式配置模式将增加教育存量资源配置的无序性和人才培养、职业教育增量资源的无效性。各地主管部门应当积极推进区域人才培养、职业教育的资源集约化战略，通过优化区域人才培养、职业教育资源配置方案的方式来积极推进集约型职业院校建设，使本地区教育事业步入良性发展循环系统中。职业院校的常设专业在长期办学实践中积累了丰富的办学经验，城市与农村职业院校应当结合自身办学特色，集中其人才培养、职业教育优势资源，形成支持区域范围内城乡统筹发展的精品人才培养、职业教育专业。由于人才培养、职业教育资源的生均办学经费开支高于基础教育阶段的生均办学经费支出水平，办学经费短缺势必对人才培养、职业教育质量造成持久性冲击，削弱职业院校毕业生对用人单位的吸引力，降低学生报考职业院校的积极性。人才培养、职业教育资源集约化战略有助于城乡职业院校消除专业重复性建设所造成的办学经费开支浪费问题。职业院校可将削减的重复性专业建设占用的办学经费开支用于打造特色化精品专业，增强人才培养、职业教育资源的利

用效率，提升职业院校特色专业的人才培养质量。[①]

推进跨区域职业院校师资力量统筹配置战略。人才培养、职业教育管理部门应畅通城乡人才培养、职业教育互动渠道，建立有序的人才培养、职业教育资源流动机制。城市与农村职业院校应当统筹人才培养、职业教育师资队伍建设，通过城乡职业院校间的职业教师交换工程来促进农村地区职业教师队伍从业素质的提升和师资队伍结构的优化。由于城市与农村地区职业院校的薪酬待遇和工作环境存在显著的差异性，在推进城乡职业教师交换工程时，人才培养、职业教育主管部门应充分考虑教师的切身经济利益，在保障参与城乡职业教师交换工程的职业院校教师的薪酬福利水平不降低的前提下，优化农村职业院校的既有师资队伍。农村职业院校可在专任教师整体队伍相对稳定的基础上，适当加大兼职教师占比，以形成专兼教师合理搭配的师资力量格局。通过引入城市职业院校优质教师资源，可以对农村地区原有职业院校教师施加良性的竞争压力，为农村职业院校培育掌握新知识新技术的师资力量。农村职业院校还可大量吸收社会各界优秀的管理人才和工程技术人才，以有效弥补农村职业院校实践类教学实力相对不足的缺陷。

促进就业结构与产业结构互动是城乡人才培养、职业教育统筹发展的要点。职业院校毕业生的就业结构揭示了区域产业结构的内在特征，职业院校毕业生的岗位收入水平则直接揭示了区域产业发展水平。基于人才培养、职业教育的人才培养目标来讨论，职业院校的办学终极目标指向解决学生就业问题，以有效满足区域经济发展对技能型人才的需求。这决定了城乡人才培养、职业教育事业统筹发展策略的制定应当以深入调研区域经

① 常晓天：《系统科学视角下职业教育城乡统筹发展》，《教育与职业》2014 年 32 期。

济的人才市场需求为前提。当前制约城乡职业院校统筹发展的首要障碍在于城乡职业院校之间存在围绕生源争夺和就业市场竞争问题的冲突。诱发城乡职业院校冲突的根源在于各职业院校的办学方向重叠，以及因办学实力相对薄弱使各职业院校停留在低层次的招生就业竞争局面。城乡职业院校的低技能型人才培养模式限制了区域产业升级的空间，区域产业升级受困则反向作用于城乡职业院校，迫使其通过持续培养低技能型人才来满足区域经济的低级产业的发展需求。为此，城乡职业院校需增强在高技能型人才培养领域的合作，以大规模的高技能型人才供给来推动区域经济形成新兴高技术产业链条，以新兴高技术产业来促使区域经济体内的人力资源需求结构变迁，进而以大规模的高技术型人力资源需求来拉动区域职业院校的人才培养层次升级。上述区域经济的产业演进与就业结构之间良性互动关系促成了地方职业院校的高技能型人才培养和区域产业企业的高技能型人才需求之间在新技术水平上形成新供需平衡关系。[①]

（二）校地合作探索提升农村基层人才质量和服务农村原动力

现行大学生村官选聘工作中，虽实行择优选聘并尽量安排大学生到生源地工作，使毕业生生源地与工作地相匹配，但事实上，有部分大学生到农村基层工作是迫于就业压力而作出的别无选择的选择，只是将村官工作作为一个跳板或过渡。因此，作为村官思想上的准备不充分，或存在跳出农门又进农门的传统观念，或与家庭成员对自己的期望不相符，不能得到家庭成员的支持，因此出现“价值取向偏差，服务农村、奉献基层的原动力不足”等问题就不足为奇。另外，在四年的大学生活中并

① 常晓天：《系统科学视角下职业教育城乡统筹发展》，《教育与职业》2014年第32期。

没有为这份工作做技能上的相关准备，而在，履职后对农村工作不熟悉，无法开展工作或不能充分发挥大学生村官应有的作用。校地积极合作，共同培养农村基层人才是解决这些问题的积极探索。[①]

通过高校“订单式”定点招生、定向培养、协议就业，探索招收农村区域发展专业大学生，培养的大学生毕业并取得学位后，统一调配至各乡镇所在村工作。学生填报志愿前即与政府签订毕业后回家乡农村基层工作协议，因此，较非合作培养的大学生村官提前有了将来回农村基层工作的思想准备。

知识链接

大学生村官

大学生村官工作是党的十七大以来党中央作出的一项重大战略决策，主要目的是培养一大批社会主义新农村建设骨干人才、党政干部队伍后备人才、各行各业优秀人才。大学生村官主要履行宣传落实政策、促进经济发展、联系服务群众、推广科技文化、参与村务管理、加强基层组织等职责。大学生村官主要通过留村任职工作、考录公务员、自主创业发展、另行择业、继续学习深造等“五条出路”有序流动。

高等学校各专业培养目标决定着人才培养的方向和规格，非校地合

① 王云翠、陆建飞、郭文善：《校地合作创新农村基层人才培养的探索——以扬州大学与张家港市合作培养农村区域发展专业人才为例》，《江苏农业科学》2015年第10期。

作培养模式中，农科专业本科人才培养目标虽改变了传统的专而窄的定位，但取而代之的是较宽泛、学术型与应用型合一的培养目标，培养的人才既可“上天”，亦可“入地”。“上天”是指对科学研究前沿理论或高新尖技术有较深涉猎，可继续深造进行学术研究的人才；“入地”是指适合在学科对应行业或部门基层工作的人才，同一专业统一培养方案。这种“宽、厚、通、专”兼顾的目标定位，不仅对于当下“三支一扶”“村官”“一村一名大学生”“乡镇公务员”等农科就业岗位来说显得“高而空”，而且对于四年制的本科人才培养来说也难免显得过高、过空。因此，校地合作培养模式应首先明确其人才培养目标，以指引培养过程，使培养对象经过教育后在知识、能力、素质上达到一定的要求和规格标准。

校地合作培养农村基层人才模式培养的大学毕业生就业是指向某一特定地区的农村基层的，与非校地合作农科人才培养相比，具有鲜明的地区针对性、目的性和唯一性。显然，原有的农村区域发展专业培养目标不可套用到校地合作培养模式中。高等农业院校应与地方政府积极沟通，围绕促进目标地区农村繁荣、农业增效、农民增收及农村精神文明建设等，因地制宜，制定“靶向性”的培养目标。可充分利用地方政府的主导作用，高校与地方政府形成人才创新培养的“协同体”，提供实地实景实人实践教学平台，使构建“实践先行”、实践贯穿于整个培养过程并与理论教学有机结合的教学新体系成为可能。

高等院校与地方政府须紧密配合，建立“多位一体”的“双重管理”体系。地方政府与高等院校之间“订单式”培养农村基层人才不同于高职高专与企业之间的“订单式”培养人才，它是一种政府行为，在校地合作培养农村基层人才管理体系中，地方政府自然成为人才培养的管理方之一，高校不再唱独角戏。校地合作培养农村基层人才事实上是“双重管理”。高等院校与地方政府应紧密配合，建立在生源选择、教学管理、思想道德素质教育与管理、就业管理等方面既各负其责又相互依托、互相沟通与协商的“多位一体”、“双重管理”的人才培养管理体系。

鼓励社会各界投身乡村建设，探索人才服务乡村的多元模式，吸引乡贤投身乡村，建立健全各项激励机制，不断加快制定鼓励引导工商资本进入乡村的政策等，研究制定完善相关政策措施和管理办法，争取尽快建立城乡、区域、校地之间的人才培养合作与交流机制，鼓励社会人才投身乡村建设。

延伸阅读

1. 尹成杰：《实施乡村振兴战略 推进新时代农业农村现代化》，中国农业出版社 2018 年版。

2. 宋洪远：《大国根基——中国农村改革 40 年》，广东经济出版社 2018 年版。

3. 本书编写组：《乡村振兴战略辅导读本》，中国农业出版社 2018 年版。

深度思考

1. 资金、土地、人才等各种要素单向由农村流入城市，造成一些农村严重“失血”“贫血”，从而制约农村地区发展。那么，乡村振兴，应如何通过借助外力激活“人、地、钱”三要素活力？

2. 有部分大学生到农村基层工作是迫于就业压力而作出的别无选择的选择，只是将村官工作作为一个跳板或过渡，尝试思考如何让大学生村官留得住。

3. 在乡村的传统秩序受到冲击、传统社会纽带越来越松弛的情况下，如何让乡土社会更好地黏合起来，让“风筝不断线”，让人走得再远也不至于“失魂落魄”？如何更好地发挥新时代乡贤的作用？

第八章

优先发展农村教育事业

大力发展教育事业，促进公共教育资源向农村倾斜，对于培育亲农爱农兴农的优秀管理者、知识技能武装起来的职业农民、服务乡村振兴的各层次专业技术人员、为乡村振兴破解难题的科研人才具有重要意义，而这需要基础教育、高等教育、职业教育等各类教育协同发力。《乡村振兴战略规划（2018—2022年）》中明确对农村教育事业发展作出统筹规划，提出要把国家社会事业的重点放在农村，推动农村基础设施建设提档升级，优先发展农村教育事业。振兴乡村教育不仅是落实乡村振兴战略的题中应有之义，而且乡村教育是乡村经济建设、政治建设、文化建设、社会建设、生态文明建设的基础，在乡村振兴中具有基础性、先导性和全局性。

一、优先发展农村教育事业的基本原则

实施乡村振兴战略，为农村教育带来了新的发展机遇，也提出了新的发展要求。教育关乎乡村振兴的根本，要以习近平新时代中国特色社会主义思想为指导，按照“产业兴旺、生态宜居、乡风文明、治理有效、生活富裕”的总体要求，紧紧围绕振兴乡村教育和乡村振兴两方面任务，切实把握乡村教育振兴的全面性、长远性和差异性。要针对当前农村教育发展的关键领域和薄弱环节，加大城乡教育资源均衡配置力度，继续把教育发展的重点放在农村，逐步建立健全全民覆盖、普惠共享、城乡

一体的基本公共教育服务体系，努力让每个农村孩子都能享有公平而有质量的教育。

（一）兜底线，保障每一个农村孩子都有学上

实现每个农村孩子“幼有所育”“学有所教”是工作目标，要不断提高各级各类教育的普及程度，给农村孩子提供更便利、更高层次的教育机会。推动建立以城带乡、整体推进、城乡一体、均衡发展的义务教育发展机制。建立健全农村儿童关爱服务体系，全面改善农村寄宿制学校条件，解决农村儿童教育支持、亲情关怀、生活照顾、家庭教育和安全保护等方面的问题。实施特殊教育提升工作力度、组织开展送教上门服务等多种形式。实施高中阶段教育普及攻坚计划，大力发展面向农村的职业教育，加强东西部职业教育协作，加大城市支援农村力度，推动中西部农村青少年到东部或城市接受职业教育，提高其就业创业能力。

（二）保基本，使每一所农村学校都达到基本办学条件

农村教育在我国整个教育事业中占有较大的比重。实施乡村振兴计划，必须从根本上扭转“重城镇轻乡村”的观念，切实把乡村教育作为乡村振兴的重中之重。要配齐教学设施、生活设施，加强乡村小规模学校建设，对学生规模不足 100 人的村小学和教学点，按 100 人的标准核定公用经费，配备相应的教学生活设施，确保正常运转。要加快发展农村学前教育，完善乡村教师队伍建设，加快培养符合乡镇以下学校实际需要的小学“全科教师”和初中“一专多能”教师，有限安排公费师范生和“特岗”教师到教学点任教。深入实施义务教育教师“县管校聘”改革，切实解决乡村教师结构性缺员问题。统筹配置城乡教师资源，通过稳步提高待遇等措施，增强乡村教师岗位吸引力和自豪感。

知识链接

国培计划

中小学教师国家级培训计划，简称“国培计划”，由教育部、财政部2010年全面实施，是提高中小学教师特别是农村教师队伍整体素质的重要举措。“国培计划”包括“中小学教师示范性培训项目”和“中西部农村骨干教师培训项目”两项内容。实施“国培计划”，是提高中小学教师特别是农村教师队伍整体素质的重要举措，对于推进义务教育均衡发展、促进基础教育改革、提高教育质量，具有重要意义。

（三）上水平，扩大优质教育资源覆盖面

不仅要给农村孩子提供上学的机会，还要为他们提供更加优质的教育，让每个学生都能学有所成。发挥优质学校的辐射带动作用，通过组建教育集团、托管、培训和结对子等形式，支持带动农村薄弱学校。扩大教师交流的范围，鼓励优秀的校长和教师到农村薄弱学校任职任教，督促引导各地推进义务教育标准化建设，均衡配置教育资源。加强信息化建设，推进“同步课堂”“专递课堂”和全国区域性优质教育资源共享平台的普及开放等服务。继续实施支援中西部地区招生协作计划和农村贫困地区定向招生专项计划，将更多优质高等教育资源惠及农村学生。

（四）强保障，为人人成才创造良好条件

坚持因人施教，为每一个农村孩子提供适宜的教育和发展道路，采取各种资助措施帮助家庭经济困难学生完成学业，让每个孩子都能成长成才。要优化教育支出结构，提高经费使用效益，逐步实现城乡基本公共教育服务均等化。不断完善学生资助政策，保障教育机会平等。把扶持农村最贫困地区和最困难群众作为优先任务，把合理配置教育资源作为根本措施，补齐短板，加快缩小城乡、区域、校际、群体教育发展差距，鼓励社会力量多种形式进入农村教育领域，满足农村群众差异化、个性化教育需求。

二、优先发展农村教育事业的实施路径

当前部分农村地区不同程度地出现学校师资、生源流失现象，一些师资队伍弱、教学质量低、生源稀少的乡村学校被撤并，尤其是在西部偏远农村和山区，学校撤并幅度也最大，造成了学生上学难、教育成本增加、辍学等一系列问题，这影响了农村教育质量，也成为制约乡村可持续发展的一块“心病”。面对乡村教育的短板，当务之急是要下大力气、用真功夫解决乡村教育存在的优质教育资源紧缺、教育质量亟待提高等普遍性问题，着力改变乡村教育存在的“不平衡不充分的发展”的状况，逐步破除城乡二元结构，缩小城乡差距，用优质教育为乡村振兴注入更多活力。

（一）不断完善义务教育发展机制，统筹推进城乡义务教育一体化发展

党的十九大报告指出，推动城乡义务教育一体化发展，高度重视农村义务教育，办好学前教育、特殊教育和网络教育，普及高中阶段教育，

努力让每个孩子都能享有公平而有质量的教育。《加快推进教育现代化实施方案（2018—2022年）》再次强调，推进义务教育优质均衡发展，加快城乡义务教育一体化发展。

义务教育是教育工作的重中之重，是国家必须保障的公益性事业，是必须优先发展的基本公共事业，是脱贫攻坚的基础性事业。当前，我国已进入全面建成小康社会的决胜阶段，正处于新型城镇化深入发展的关键时期，这对整体提升义务教育办学条件和教育质量提出了新要求。同时，户籍制度改革、计划生育政策调整、人口及学生流动给城乡义务教育学校规划布局和城镇学位供给带来了巨大挑战。在许多地方，城乡二元结构矛盾仍然突出，乡村优质教育资源紧缺，教育质量亟待提高；城镇教育资源配置不适应新型城镇化发展，大班额问题严重。因此，必须建立以城带乡、整体推进、城乡一体、均衡发展的义务教育发展机制。

1. 同步建设城镇学校

各地要按照城镇化规划和常住人口规模编制城镇义务教育学校布局规划，根据学龄人口变化趋势、中小学建设标准，预留足够的义务教育学校用地，纳入城市、镇规划并严格实施，不得随意变更，确保城镇学校建设用地。实行教育用地联审联批制度，新建配套学校建设方案，相关部门应征得同级教育行政部门同意。依法落实城镇新建居住区配套标准化学校建设，老城区改造配套学校建设不足和未达到配建学校标准的小规模居住区，由当地政府统筹新建或改扩建配套学校，确保足够的学位供给，满足学生就近入学需要。地方政府要实施“交钥匙”工程，确保配套学校建设与住宅建设首期项目同步规划、同步建设、同步交付使用。

2. 努力办好乡村教育

各地要结合国家加快水电路气等基础设施向农村延伸，在交通便利、公共服务成型的农村地区合理布局义务教育学校。同时，办好必要的乡村小规模学校。因撤并学校造成学生就学困难的，当地政府应因地制宜，采取多种方式予以妥善解决。合理制定闲置校园校舍综合利用方案，严格规范权属确认、用途变更、资产处置等程序，并优先用于教育事业。要切实提高教育资源使用效益，避免出现“边建设、边闲置”现象。着力提升乡村教育质量，按照国家课程方案开设国家课程，通过开展城乡对口帮扶和一体化办学、加强校长教师轮岗交流和乡村校长教师培训、利用信息技术共享优质资源、将优质高中招生分配指标向乡村初中倾斜等方式，补齐乡村教育短板。推动城乡教师交流，城镇学校和优质学校教师每学年到乡村学校交流轮岗的比例不低于符合交流条件教师总数的10%，其中骨干教师不低于交流轮岗教师总数的20%。结合乡村教育实际，定向培养能够承担多门学科教学任务的教师，提高教师思想政治素质和师德水平，加强对学生的思想品德教育和爱国主义教育，在音乐和美术（或艺术）、体育与健康等学科中融入优秀传统艺术和体育项目，在学科教学特别是品德、科学教学中突出实践环节，确保综合实践和校外教育活动常态化。开展专题教育、地方课程和学校课程等课程整合试点，进一步增强课程的基础性、适宜性和教学吸引力。

3. 科学推进学校标准化建设

各地要逐县（市、区）逐校建立义务教育学校标准化建设台账，全面摸清情况，完善寄宿制学校、乡村小规模学校办学标准，科学推进城乡义务教育公办学校标准化建设，全面改善贫困地区义务教育薄弱学校基本办学条件。提升乡村学校信息化水平，全面提高乡村教师运用信息技术能力，促进优质教育资源共享。适当提高寄宿制学校、规模较小学校和北方取暖地区学校公用经费补助水平，切实保障正常运转。落实义务教育学校管理标准，提高学校管理标准化水平。重点提高乡镇寄宿制学校管理服务水平，通过政府购买服务等方式为乡镇寄宿制学校提供工勤和教学辅助服务。各地要在县域义务教育基本均衡的基础上，促进义务教育优质均衡发展，探索市（地）域义务教育均衡发展实现路径，鼓励有条件的地区在更大范围开展城乡义务教育一体化改革发展试点，发挥引领示范作用。

4. 实施消除大班额计划

省级人民政府要结合本地实际制订消除大班额专项规划，明确工作任务和时间表、路线图，到 2020 年基本消除 56 人以上大班额。各地要统筹“十三五”期间义务教育学校建设项目，按照国家规定班额标准，新建和改扩建校园校舍，重点解决城镇大班额问题，加快消除现有大班额。要通过城乡义务教育一体化、实施学区化集团化办学或学校联盟、均衡配置师资等方式，加大对薄弱学校和乡村学校的扶持力度，促进均衡发展，限制班额超标学校招生人数，合理分流学生。县级教育行政部门要建立消除大班额工作台账，对大班额学校实行销号管理，避免产生新的大班额问题。

（二）不断调整优化教育经费使用机制

1. 持续加大乡村教育投入

无论是解决上学难问题，还是解决乡村教育师资薄弱问题，都需要持续加大投入力度，特别是重点加大向农村教育薄弱地区倾斜力度。要不断强化农村教育基础设施建设，扩大优质教育资源供给，优化教育资源配置，大力促进教育公平，推动农村及城乡义务教育一体化发展，不仅让农村孩子“有学上”，还要努力让他们“上好学”。

2. 重点保障义务教育均衡发展

2018 年 8 月，国务院办公厅印发的《关于进一步调整优化结构提高教育经费使用效益的意见》，聚焦如何筹好用好管好教育经费，对进一步优化结构、提高教育经费使用效益提出了明确要求，其中包括重点保障义务教育均衡发展和不断提高教师队伍建设保障水平。针对目前义务教育学校“城市挤、乡村弱”、区域差别依然较大等问题，要巩固完善城乡统一、重在农村的义务教育经费保障机制，逐步实行全国统一的义务教育公用经费基准定额，推动建立以城带乡、整体推进、城乡一体、均衡发展的义务教育发展机制，全面加强乡村小规模学校和乡镇寄宿制学校建设，着力解决人民关心的控辍保学、“大班额”、随迁子女就学、家庭无法正常履行教育和监护责任的农村儿童入校寄宿等突出问题。

3. 不断提高教师队伍建设保障水平

要求各地健全中小学教师工资长效联动机制，实现与当地公务员工资收入同步调整，确保中小学教师平均工资收入水平不低于或高于当地公务员平均工资收入水平。同时，针对当前教师待遇政策落实过程中存在的突出问题，明确要求各地严格规范教师编制管理，对符合条件的非在编教师要加快入编，并实行同工同酬；加强省级统筹，优先落实义务教育阶段教师工资收入政策，力争用3年时间解决义务教育阶段教师工资待遇问题；根据幼儿园规模合理配备保教保育人员，按照岗位确定幼儿园教师工资标准，逐步解决同工不同酬问题。

做好职称评审是加强新时代教师队伍建设的重要举措。办好人民满意的教育，离不开一支高素质专业化创新型的教师队伍。做好中小学教师职称评审工作，是分类推进职称制度改革的重要任务，是加强新时代教师队伍建设的重要举措。各地人力资源社会保障、教育行政部门要充分认识到中小学教师职称评审工作的重要性，坚持以人民为中心的发展思想，落实立德树人根本任务，遵循教育规律和教师成长规律，组织实施好中小学教师职称评审工作，培养选拔高素质教师队伍，增强广大中小学教师的成就感和获得感，增强教师职业吸引力。2018年7月，人力资源社会保障部办公厅、教育部办公厅下发的《关于做好2018年度中小学教师职称评审工作的通知》明确提出要继续向农村和艰苦边远地区倾斜，“围绕实施乡村振兴战略和脱贫攻坚部署，进一步推进城镇教师向乡村学校、薄弱学校流动，将中小学教师到乡村学校、薄弱学校任教一年以上经历作为申报高级教师职称的必要条件。同等条件下中、高级教师职称评审向‘三区三州’等深度贫困地区倾斜，向农村教师倾斜。长期在农村和艰苦边远地区工作的中小学教师，职称评审放宽学历要求，不作论文、职称外语和计算机应用能力要求，提高实际工作年限的考核权重。‘定向评价、定向使用’的基层中小学高级专业技术岗位实行总量控制、比例单列，不占各地专业技术高级结构比例。有条件的地方可建立农村和艰苦边远地区中小学教师职称评审委员会或评审组，进行单独评审。允许所教专业与所学专业或教师资格证专业不一致的教师参与职称评审，促进农村义务教育阶段一专多能教师专业发展”。

知识链接

乡村教师支持计划（2015—2020年）

2015年6月1日，国务院办公厅印发《乡村教师支持计划（2015—2020年）》。该《计划》分重要意义、总体要求、主要举措、组织实施4部分。主要举措包括：全面提高乡村教师思想政治素质和师德水平；拓展乡村教师补充渠道；提高乡村教师生活待遇；统一城乡教职工编制标准；职称（职务）评聘向乡村学校倾斜；推动城镇优秀教师向乡村学校流动；全面提升乡村教师能力素质；建立乡村教师荣誉制度。

据了解，教育部、财政部继续组织实施连片特困地区乡村教师生活补助政策，2017年中央财政安排奖补资金38.5亿元。人社部、财政部对包括教师在内的乡镇机关事业单位人员实行乡镇工作补贴，补贴标准不低于月人均200元，并向条件艰苦的偏远乡镇和长期在乡镇工作的人员倾斜。住建部指导各地切实将符合条件的乡村学校教师纳入住房保障范围，通过实物保障与租赁补贴并举，解决其住房困难。贵州、云南、河南、湖南等20多个省（区、市）已累计在乡镇建设公租房120多万套。

人社部、教育部建立了乡村教师荣誉制度，于2016年教师节前夕，对在乡村从教30年的教师开展首次荣誉证书颁发工作，涉及400万名乡村教师。

4. 着力补齐农村教育发展短板

在重点保障义务教育的前提下，优化支出结构，积极支持扩大普惠性学前教育资源、普及高中阶段教育、发展现代职业教育、实施教育脱贫攻坚行动。优先发展农村教育事业，补齐农村教育领域补短板。相较于城市教育而言，乡村学校规模较小、条件较差、生源较少、师资不足，无论硬件设施还是教育教学质量都不能与城区学校媲美。只有发展农村教育事业，才能抬高教育谷底，提升区域教育整体实力，实现教育的现代化，并以教育的现代化提升区域人口受教育的程度与质量。

（三）不断创新优质均衡发展的特色路径

为了支持乡村教育发展，全面改善贫困地区义务教育薄弱学校基本办学条件，2017年中央财政安排农村义务教育薄弱学校改造计划补助资金355.5亿元，比2016年增加20亿元。2016年至2017年国家发展改革委共投入中央预算内资金158.3亿元，加快推进义务教育学校和农村学校教师周转宿舍建设。

在标准化建设方面，各地积极落实义务教育学校办学标准，坚持城乡并重和软硬件并重，全面改善贫困地区义务教育薄弱学校基本办学条件，科学推进城乡义务教育公办学校标准化建设。得益于此，众多乡村学校面貌一新。

通过教育机制体制的创新，各地深化义务教育治理结构改革，完善治理体系，提升义务教育治理能力现代化水平，推动义务教育提质增效，努力使县域义务教育从基本均衡向优质均衡发展迈进。上海、北京、安徽、山东等地结合本地实际采取不同的措施。

上海给出的解决方案是委托管理。政府通过购买专业服务，委托优质学校或教育中介组织机构对相对薄弱的农村中小学进行管理。托管双方以情感融合为基础，民主参与，共同形成先进的教育理念，共建学校新文化，使原本薄弱的学校在办学水平、教育质量方面得到全面提升。这种方式激活了薄弱学校的发展愿望，使其生发出自主发展的能力。

北京持续推进高校支持中小学发展项目、教科研部门支持中小学发展项目、民办教育机构参与中小学学科教学改革项目以及外籍教师参与中小学英语教学改革项目，重点帮扶郊区学校提升教育质量。

安徽省推动以县为单位、由优质学校辐射教学点和薄弱学校的“在线课堂”常态化教学模式，全省中小学校宽带和多媒体班级覆盖率均达到 99%，有效解决教学点及农村偏远地区师资力量匮乏难题。

山东省创新编制管理办法，按照“总量控制、统筹城乡、结构调整、有增无减”的原则，建立教师编制定期动态调整机制。在统一城乡教师编制的基础上，向农村学校倾斜，对年级学生数达不到标准班额的学校，按班师比配备教职工；承担教学改革任务或育龄女教师较多的学校，按不超过 5% 的比例适当增加教师编制；采取有编即补、退一补一、市域统筹、县域调剂、设立临时周转编制等方法，创新编制管理；建立教师编制定期动态调整机制，每 3 年核编一次。

专家观点

教育扶贫要种好“五块田”

种好“五块田”，切实增强做好定点扶贫工作的责任感、紧迫感和使命感。一是种好政治“责任田”。要提高政治站位，把脱贫攻坚进而实施乡村振兴战略作为必须扛在肩上的重要政治责任。二是种好改革“试验田”。要把定点扶贫作为推进教育改革、探索改革经验的过程，从中找到破解体制机制障碍的有效办法。三是种好党性修养“标杆田”。要引导党员干部在参与脱贫攻坚、对口帮扶的过程中锤炼党性、检验修养、改造主观世界。四是种好干部锻炼成长“丰产田”。要把脱贫攻坚主战场当作锻炼干部的重要途径，让一批善于将本职工作与基层实践结合起来的干部快速成长起来。五是种好为民服务“良心田”。要发挥教育的基础性、根本性、全局性作用，通过教育阻断贫困代际传播。

——教育部党组书记、部长　陈宝生

三、重点推进农村职业教育建设

（一）改革发展农村职业教育的重要意义

2015 年全国 1% 人口抽样结果显示，城市 15～19 岁队列中，高中及以上学历人口占比为 83%，农村同队列人口中高中及以上学历人口比例为 53%。这也意味着中国农村劳动力依然存在较大的人力资本开发空间。2015 年，党的十八届五中全会公报中首次提出“普及高中阶段教育”。2016 年，十三五规划纲要明确提出“高中阶段教育毛入学率达到90% 以上”。2017 年 4 月，教育部等四部门印发的《高中阶段教育普及攻坚计划（2017—2020 年）》提出，到 2020 年，全国普及高中阶段教育，全国、各省（区、市）毛入学率均达到 90% 以上，推进农村普及高中阶段教育也早已进入政策视野。

党的十九大报告明确提出“普及高中阶段教育，努力让每个孩子都能享有公平而有质量的教育”，“使绝大多数城乡新增劳动力接受高中阶段教育、更多接受高等教育。”我国高中阶段教育主要包括普通高中教育和中等职业教育。数据显示，2016 年我国中等职业学校在校生占高中阶段教育在校生比例下滑至 40.25%，高中阶段教育普职 1:1 的比例底线已经受到极大挑战。2018 年中央一号文件提出，健全学生资助制度，使绝大多数农村新增劳动力接受高中阶段教育、更多接受高等教育。有些地区在普及高中教育方面走在前列，如内蒙古自治区在 2012 年全面实现了高中阶段免费教育，在西部地区率先实现了 12 年免费教育。免学费的标准是每人每年 2000 元，免教科书费的标准是每人每年 550 元至600 元。

改革发展农村职业教育，加快农村各类人才和高素质劳动者的供给，应是国家乡村振兴制度性供给的重要内容。坚持把改革发展农村职业教育作为实施乡村振兴战略的重要抓手，确保有关各项工作抓紧、抓实、抓出成效。

知识链接

"职教20条"

职业教育与普通教育是两种不同教育类型，具有同等重要地位。党的十八大以来，以习近平同志为核心的党中央把职业教育摆在了前所未有的突出位置。李克强总理就深化职业教育改革作出重要批示，提出明确要求。为贯彻全国教育大会精神，进一步办好新时代职业教育，落实《中华人民共和国职业教育法》，制定了《国家职业教育改革实施方案》(以下简称"职教20条")。具体指标：到2022年，职业院校教学条件基本达标，一大批普通本科高等学校向应用型转变，建设50所高水平高等职业学校和150个骨干专业（群）。建成覆盖大部分行业领域、具有国际先进水平的中国职业教育标准体系。企业参与职业教育的积极性有较大提升，培育数以万计的产教融合型企业，打造一批优秀职业教育培训评价组织，推动建设300个具有辐射引领作用的高水平专业化产教融合实训基地。职业院校实践性教学课时原则上占总课时一半以上，顶岗实习时间一般为6个月。"双师型"教师（同时具备理论教学和实践教学能力的教师）占专业课教师总数超过一半，分专业建设一批国家级职业教育教师教学创新团队。从2019年开始，在职业院校、应用型本科高校启动"学历证书＋若干职业技能等级证书"制度试点（以下称"1+X证书"制度试点）工作。

《国家职业教育改革实施方案》从7个方面提出了20条措施，业内称"职教20条"：①健全国家职业教育制度框架。

②提高中等职业教育发展水平。③推进高等职业教育高质量发展。④完善高层次应用型人才培养体系。⑤完善教育教学相关标准。⑥启动“1+X 证书”制度试点工作。⑦开展高质量职业培训。⑧实现学习成果的认定、积累和转换。⑨坚持知行合一、工学结合。⑩推动校企全面加强深度合作。⑪打造一批高水平实训基地。⑫多措并举打造“双师型”教师队伍。⑬推动企业和社会力量举办高质量职业教育。⑭做优职业教育培训评价组织。⑮提高技术技能人才待遇水平。⑯健全经费投入机制。⑰建立健全职业教育质量评价和督导评估制度。⑱支持组建国家职业教育指导咨询委员会。⑲加强党对职业教育工作的全面领导。⑳完善国务院职业教育工作部际联席会议制度。

2019 年 5 月，教育部关于深入学习贯彻《〈国家职业教育改革实施方案〉的通知》明确指出，“职教 20 条”明确职业教育和普通教育是两种不同的教育类型，具有同等重要地位。教育战线要切实把思想和行动统一到党中央、国务院决策部署上来，推动职业教育改革不断深化。我国教育总体已进入世界中上行列，正是加快推进教育现代化的关键阶段。没有职业教育现代化也就没有教育现代化。深化职业教育改革，可以为其他教育改革探索经验，有效分解高考压力，为学生提供多样化成长成才路径。要下大力气抓好改革，力争经过 5～10 年的努力，促进教育链、人才链、产业链有机衔接，大幅提升新时代职业教育现代化水平。

（二）农村职业教育的重要意义

1. 农村职业教育是培育乡村各业人才的核心基地

要实施乡村振兴战略，解决好发展不平衡不充分的问题，就必须培养、造就大批农村“用得上、留得住、干得好”的农村发展建设带头人和各类技术技能人才。多年来，我国大多数农村职业教育学校特别是县级职教中心坚持面向当地各个产业对劳动者的需求设置相关专业，有的还与乡级和村级农民文化技术学校合作，构建了三级农村职业教育与培训网络，按照“一乡一业”“一村一品”的发展需要，不断调整专业结构和优化课程体系，为当地现代农业发展、农村劳动力转移和农村城镇化建设培养了大量人才，积累了丰富的经验。

比如，河北省于2009年开始全面动员县级职教中心实施中等职业教育“送教下乡”，以适应农民生产需要和提高农民综合素质为导向，实行学分制及弹性学制，根据农民学生的实际需求开发新的课程组合，通过学生走读、教师走教和学生集中学习、分组学习、自主学习、生产经营的有机结合，培养了一大批农村改革发展带头人和劳动致富带头人，受到了各界好评，也为全国作出了示范。

2. 改革发展农村职业教育是普及农村高中阶段教育的重要途径

多年来，我国普通高中教育已经有了很大发展。事实证明，只靠普通高中是难以完成普及高中阶段教育这一重大历史任务的。农村职业教育在我国普及高中阶段教育工作中作出了重大贡献。进一步加强县级职教中心建设，采取多种措施不断提升县级职教中心的办学质量、办学水平和社会影响，必将对我国普及高中阶段教育产生良好的作用。

让贫困人口和贫困地区同全国一道进入全面小康社会是我们党的庄严承诺，这就要求动员全党全国全社会力量，坚持精准扶贫、精准脱贫，坚持大扶贫格局，加大力度支持贫困地区加快发展。改革发展农村职业教育，对农村贫困人口和贫困家庭子女实行精准招生、精准资助、精准教学、精准就业。把扶贫同扶志、扶智结合起来，既是提高职业教育办学效益的重要措施，也是推进职业教育精准扶贫的迫切要求，对实施乡村振兴战略有着不可替代的作用。

3. 农村职业教育是开展成人教育和继续教育的牢固阵地

许许多多的农村职业学校不仅为农村未成年人提供初中后或高中后的职业学历教育，也为成年人提供各种非学历的短期职业培训，以使学习者及时获得相应职业知识和岗位技术技能，同时有效地引导广大群众树立新型的教育观和学习观，重塑传统农民的素质结构，培育大批新型职业农民。习近平总书记在江苏调研时指出：实施乡村振兴战略不能光看农民口袋里票子有多少，更要看农民精神风貌怎么样。有人形象地比喻，如果乡村振兴需要一双翅膀，那么一翼是产业富民，另一翼就是文化精神。对农村职业学校进一步加强建设，使之继续办好各层次职业学历教育的同时，进一步巩固其各类非学历职业培训职能，特别是切实加强农村文化及农民高尚道德情操的引导和培育，把社会主义核心价值观融入社会发展各方面，必将会更好地发挥这一成人教育和继续教育重要阵地的作用，推动国民素质与乡村建设不断跃上新的台阶。

4. 农村职业教育是推进产教融合和校企合作的必然举措

多年来，我国许多农村职业学校围绕当地及区域产业发展和人才需求，积极与相关行业企业、高等学校、科研院所、农业生产大户和农民生产合作社等开展密切合作，取得了良好成效。经过长期建设，许多农村职业学校特别是县级职教中心现已在当地形成了人才、设施、技术、信息等各种相对优势。党的十九大报告提出：完善职业教育和培训体系，深化产教融合、校企合作。吸收有关行业企业深度参与，进一步推进农村职业教育改革发展，进一步加强农村职业学校建设，必将有利于进一步促进社会有关各界的资源共享与责任共担，促进农村人才培养供给侧和农村产业需求侧结构要素全方位融合，促进人才培养领域的“供给侧结构性改革”，实现农村教育链、人才链与产业链、创新链的有机衔接，开创我国产教融合、校企合作的新局面。

知识链接

精准教育扶贫

精准扶贫是相对于过去粗放型扶贫而言的，是根据导致贫困的具体因素的不同，从实际出发，运用科学有效的方法和措施对扶贫对象实施精确识别、精确帮扶、精确管理的治贫方式。习近平总书记强调，“弱鸟先飞”，就是说贫困地区、贫困群众首先要有“飞”的意识和“先飞”的行动。没有内在动力，仅靠外部帮扶，帮扶再多，你不愿意“飞”，也不能从根本上解决问题。他还强调，扶贫先扶智，扶贫必扶志在扶贫脱贫的过程中，“智”和“志”是内力、内因，只有真正激发贫困人口脱贫的这种内力、内因，才能形成脱贫致富的可持续发展能力，才能阻断贫困的代际传递。

（三）新形势下推进农村职业教育改革发展的路径

1. 始终坚持农村职业教育的办学方向和本质属性

《国家中长期教育改革和发展规划纲要（2010—2020年）》指出：把加强职业教育作为服务社会主义新农村建设的重要内容。加强基础教育、职业教育和成人教育统筹，促进农科教结合。强化省、市（地）级政府发展农村职业教育的责任，扩大农村职业教育培训覆盖面，根据需要办好县级职教中心。强化职业教育资源的统筹协调和综合利用，推进城乡、区域合作，增强服务“三农”能力。

2. 统筹实行农村职业教育的因地制宜和分类指导

鼓励农村职业学校特别是县级职教中心实现学历教育、短期培训、科学实验、技术推广、生产经营示范等多功能发展，并根据不同区域乡村发展的差异性，支持不同的农村职业学校（职教中心）在办学模式、专业设置、课程内容、教学方式等方面进行合理选择，提高教育资源投入的针对性和有效性。将职业学历教育和职业技能培训等工作纳入政府相关部门和乡镇（街道）年度工作考核目标和任务，作为对相关领导干部进行政绩考核的重要指标，保证农村职业学校的办学规模、专业设置、教学条件等与当地经济社会发展水平相匹配。

3. 优化管理，造就高素质的农村职业学校校长队伍

农村职业学校校长是学校的最高行政负责人，对外代表学校，对内全面领导学校工作。农村职业学校的校长是学校建设和发展的灵魂，从某种意义上说，一位优秀的校长就是一所一流的学校。在新时代中

国特色社会主义现代化建设的背景下，农村职业学校校长的角色、能力、素质对农村职业学校的平稳运营、革故鼎新、发展进步等都起着决定性的影响和作用。2015 年 1 月，教育部公布了专门的《中等职业学校校长专业标准》，对校长的办学理念和专业要求作出了明确要求。校长们必须不断积累经验，并在实践中学会与时俱进，因地制宜、灵活、果断地应对工作中的各种问题，逐渐形成自己的管理智慧和管理风格。

四、着力建好建强乡村教师队伍

（一）破解乡村教师人才瓶颈制约

实施乡村振兴战略，必须破解人才瓶颈制约。要把人力资本开发放在首要位置，畅通智力、技术、管理下乡通道，造就更多乡土人才，聚天下人才而用之。2018 年中央一号文件提出，统筹配置城乡师资，并向乡村倾斜，建好建强乡村教师队伍。《中共中央 国务院关于全面深化新时代教师队伍建设改革的意见》指出，为高中阶段教育学校侧重培养专业突出、底蕴深厚的研究生层次教师。大力推动研究生层次教师培养，增加教育硕士招生计划，向中西部地区和农村地区倾斜。

《中共中央 国务院关于实施乡村振兴战略的意见》对实施乡村振兴战略进行了全面部署，特别强调要统筹配置城乡师资，并向乡村倾斜，从而建好建强乡村教师队伍。建好建强乡村教师队伍，一方面，可以解决农村孩子就近“上好学”的问题，提高乡村学校教育质量；另一方面，可以解决城区学校大班额的问题，使大量农村学生回流到户籍所在地就读。

关于乡村教师队伍建设，《乡村教师支持计划（2015—2020年）》提出了非常明确的工作目标：到2017年，力争使乡村学校优质教师来源得到多渠道扩充，乡村教师资源配置得到改善，教育教学能力水平稳步提升，各方面合理待遇依法得到较好保障，职业吸引力明显增强，逐步形成“下得去、留得住、教得好”的局面。到2020年，努力造就一支素质优良、甘于奉献、扎根乡村的教师队伍，为基本实现教育现代化提供坚强有力的师资保障。

写好教育的“奋进之笔”，建强乡村教师队伍，需要奋力而为、综合施策、精准支持，并且需要全面落实乡村教师支持计划。只有这样，才能确保每个乡村孩子都能接受公平而有质量的教育。

典型案例

马云的乡村教师计划

2015年马云开始执行他公益基金会的第一份计划，那就是“马云乡村教师计划”，他计划从2015年9月16日开始每年一届来寻找100位优秀乡村教师，给予每人总计10万元持续3年的现金资助与专业发展机会。他深知乡村教师的短缺，要想让乡村教育发展起来，那教师就是根本，有了优秀的愿意为乡村教育事业作出贡献的教师，那乡村教育才有希望。

2016年7月4日，马云公益基金会又发布了“马云乡村校长计划”。和“马云乡村教师计划”一样，马云公益基金会每年会在全国范围内评选出20位优秀的“乡村教育家”，给予每人持续3年总计50万元的支持。

2017年12月1日，阿里巴巴脱贫基金启动，计划在5年内投入100亿元开展脱贫工作。马云计划通过“马云乡村寄宿制学校计划”，推进中国乡村学校并校、建立乡村学校寄宿机制，为孩子们建设宿舍和配置校车，培训农村留守妇女成为孩子们的保育员，“修出”一条让孩子们走向未来的路、一条改善乡村就业的路。

2017年12月11日，“马云乡村师范生计划”正式启动，项目计划10年内至少投入3亿元，为乡村教育发现和注入新生力量，为中国培养未来教育家。

2018年3月20日，“马云乡村校长计划”“马云乡村教师计划”“马云乡村师范生计划”三项计划同时可以申报，结束申报后，开始评审选出最终入围的人员，并会向社会公示人员名单。除了这些外，2018年“马云乡村教育计划”集中在832个集中连片特困地区县、国家级扶贫县及浙江省开展，为助力教育脱贫，更加专业、高效推动乡村教育发展。

（二）构建教师队伍的保障机制

随着国家经济社会发展，尤其是城乡收入差距的扩大与分化，乡村教师的境况遭遇诸多困境与挑战，而这些困境与挑战的解决需要综合多方要素才能予以解决。乡村教师在打好脱贫攻坚战、全面建成小康社会、实施乡村振兴战略过程中发挥着举足轻重的作用，为此需要加强乡村教师队伍建设，补齐乡村教师发展薄弱环节，促进教师队伍整体提升。

1. 加强乡村教师队伍建设的前提是按需配齐配强师资，构建师资队伍供求机制

乡村学校对教师的需求既有总量的需求，也有各类不同综合学科教师的需求，只有满足这些需求，乡村学校才能够按规定开齐课程、开足课时。这就需要各地制定和落实倾斜政策，按学校的需求配备好师资，否则，加强乡村教师队伍建设就是一句空话。

2. 加强乡村教师队伍建设的重点是按需培训师资，构建师资队伍常规性培训机制

培训教师是重点。加强乡村教师队伍建设的重点是提高教师的综合素养、专业水平，其主要途径是培训学习。在培训前，各学校有必要对教师的综合能力进行“体检”，对课堂教学进行“诊断”，明确每个教师的发展优势与劣势，在此基础上，帮助每个教师制定职业发展规划，拟订培训学习计划。这样，每个教师缺什么、需要补什么就一清二楚，各地就可以根据乡村教师的“体质”状况，组织培训学习，因材施教，为广大乡村教师补充能量和营养。

3. 加强乡村教师队伍建设的重要保障是提升待遇

留人的方式很多，但没有待遇作保障，效果将会大打折扣。因此，提升待遇是乡村教师“进得来”和“留得住”的关键。待遇提高了，岗

位有吸引力了，才能够吸引更多优秀的大学毕业生到乡村学校任教，也才能够留住优秀教师。教育部王定华曾指出：“面对乡村教师一定要出台真招、实招、管用的招，要真正回应他们的关切，提升他们的待遇，让乡村教师有满满的获得感。”目前，不少地方已经使出了真招、实招、管用的招。比如，为鼓励高校毕业生到乡村任教，北京对综合性院校毕业生和师范院校非师范毕业生取得教师资格并到乡村学校任教的人员，满 5 年后给予一次性补助 4 万元。再如，天津市规定，可按不超过现行绩效工资水平 10% 的比例，增加乡村教师绩效工资总量。其实，不管什么招，只要能提升岗位吸引力，就是真招、实招、管用的招，否则，就是虚招、没用的招。

党的十九大报告指出：建设教育强国是中华民族伟大复兴的基础工程，必须把教育事业放在优先位置，深化教育改革，加快教育现代化，办好人民满意的教育。要全面贯彻党的教育方针，落实立德树人根本任务，发展素质教育，推进教育公平。可以说，推动城乡义务教育一体化是实现教育公平、进而建设教育强国的基础保障。对此，党的十九大报告还提出，推动城乡义务教育一体化发展，高度重视农村义务教育，努力让每个孩子都能享有公平而有质量的教育。为此，应继续加强农村师资队伍建设，进一步优化城乡义务教育师资配置是关键之举。

优先发展农村教育事业，是坚持“兜底线、保基本、上水平、强保障”的基本原则，不断探索完善有限发展农村教育事业的实施路径，重点推进农村职业教育建设，着力打造一支稳定坚实的乡村教师队伍。

延伸阅读

1. 魏后凯、闫坤：《中国农村发展报告（2018）：新时代乡村全面振兴之路》，中国社会科学出版社2018年版。

2. 陈锡文、韩俊：《中国农业供给侧改革研究》，清华大学出版社2016年版。

深度思考

1. 乡村教师支撑了中国的乡村教育，为打通乡村孩子的上升渠道作出了巨大奉献和牺牲。国家不仅为乡村教师提高工资待遇、改善住房条件，还将为在乡村坚守10年、20年、30年的教师分别授予荣誉称号，他们应该得到社会的关注和尊重。农村教师现在面临的问题和困难较多，你认为目前亟须解决的最大问题是什么？

2. 多年来，我国许多农村职业学校围绕当地及区域产业发展和人才需求，积极与相关行业企业、高等学校、科研院所、农业生产大户和农民生产合作社等开展密切合作，取得了良好成效。那么，推进产教融合、校企合作对发展农村职业教育具有何种意义？

3. 推进农村教育事业发展，需要促进社会有关各界的资源共享与责任共担，促进农村人才培养供给侧结构和农村产业需求侧结构要素全方位融合，试思考如何实现农村教育链、人才链与产业链、创新链的有机衔接。

第九章 创新乡村人才培育引进使用机制

《中共中央 国务院关于实施乡村振兴战略的意见》指出：建立自主培养与人才引进相结合，学历教育、技能培训、实践锻炼等多种方式并举的人力资源开发机制。建立城乡、区域、校地之间人才培养合作与交流机制。全面建立城市医生教师、科技文化人员等定期服务乡村机制。研究制定鼓励城市专业人才参与乡村振兴的政策。创新乡村人才培育引进使用是破解乡村人才瓶颈制约重要途径，可以有效盘活农村人才存量，广入口、多渠道输入人才，具有计划性、前瞻性、实效性等多重特征。充分利用现有各种措施、制度和意见，因地制宜构建政府扶持、面向市场、多元化的农村人才培育引进使用体系，并根据人才年龄、知识结构、接受新知识能力的不同，制定和落实规格不同、各有侧重的引进培养方案，使更多人才成为农民群众身边率先垂范的“活典型”，增强乡村人才队伍建设的吸引力。

一、乡村人才培育引进使用的类型

功以才成，业由才广。乡村振兴伟大事业的推进，关键在人才。培养造就一支懂农业、爱农村、爱农民的“三农”工作队伍，是党的十九大鲜明提出的新要求。具体而言，乡村振兴既需要懂顶层设计的战略人才，也需要懂现代农村治理的管理人才，还需要掌握先进农业技术的科技人才，同时需要带领乡村产业发展的产业人才、服务乡村文明建设的文化人才。可以细分为五种类型：生产经营型人才、创新创业型人才、社会服务型人才、公共发展型人才和乡村治理型人才。

（一）生产经营型人才

生产经营型人才，可细分为生产型和经营型人才。生产型人才主要着眼现有生产设备，以安全生产、高效生产、优质生产为目标，如种植能手、养殖能手、捕捞能手、加工能手等；经营型人才，包括家庭农场经营者、专业合作组织负责人、农业龙头企业经营者、经纪人等。

（二）创新创业型人才

农村双创人才具有创新精神和创业能力，寄希望通过科技创新与创业来加快转变农业发展方式，是促农增收致富、激发农村活力的领头雁和骨干力量。据农业农村部部长韩长赋表示，到 2020 年我国将培育 1000 万人次农村双创人才。

（三）社会服务型人才

广义上讲，随着农业社会化服务范围的拓展，社会服务型人才还包括那些专门从事农村金融、保险、电商、物流的人才。狭义上可以分为三类：一是提供农业播种、收割、病虫害防治等专业技术服务的主体，即“替农民种地”的人才；二是民间艺人，致力于引领或培育文明乡风、良好家风、淳朴民风；三是被国家纳入长远规划之中的乡村工匠。[①]

---

① 郭君平、曲颂：《推动乡村人才振兴，让各类人才大展身手》，《湖北日报》2018 年 9 月 8 日。

知识链接

工匠精神

“工匠精神”是一种职业精神，它是职业道德、职业能力、职业品质的体现，是从业者的一种职业价值取向和行为表现。“工匠精神”的基本内涵包括敬业、精益、专注、创新等方面的内容。乡村工匠人才，不局限于传统手工艺人以及狭隘的“工”的范畴，而是一批与农业、乡村相关的“匠人”——能扎根农村，懂农业、爱农村、爱农民的强有力的人才队伍。

（四）公共发展型人才

通常指活跃在农村公共部门，拥有正式或非正式职位，致力于社会管理与公共服务的人才，如乡村教师、乡村医生、村级防疫员、乡村信息员、乡村植保员、乡村技术推广员等。除具有人才的一般属性外，公共发展型人才还具有公共身份、公共道德、公共服务能力等公共属性，其开发程度及水平高低事关农村各项社会事业的发展和进步。

（五）乡村治理型人才

提升乡村自治、法治、德治“三治”水平，离不开乡村治理型人才，如农村基层干部、“新乡贤”等他们的率先垂范、积极推动，这既是促进乡村从“良政”走向“善治”的内在要求，也是落实乡村振兴战略的重要组成部分。[1]

二、创新乡村人才培育机制

培育乡村人才要以培育本土人才作为基本立足点，这是乡村人才振兴的根基。建立自主培养与人才引进相结合，学历教育、技能培训、实践锻炼等多种方式并举的人力资源开发机制，多渠道、全方位地培育更愿意留、更可能留得住的乡村人才。建立城乡、区域、校地之间的人才培养合作与交流机制，为乡村人才振兴增添新活力。

（一）明确乡村人才培育的目标

乡村振兴力量源自农民，亿万农民是实施乡村振兴战略的主体，是真正的实践者和受益者，农民群众生长于亟待振兴的乡村，对这片土地爱得最深最切，最清楚我们要建设一个什么样的乡村，最憧憬尽快建成什么样的乡村。农民的积极性、主动性能否被充分调动起来，他们的创造精神能否真正充分发挥出来，农民素质的高低直接关系到乡村振兴的成败与进程。

乡村人才培养要突出培养好“带头人”。要推行把党员培养成致富能手、把致富能手培养成党员、把党员致富能手培养成村干部的“三个培养”机制，为农村经济能人提供展示才能、发挥作用的舞台，为乡村振兴注入强劲的人才动能。要加强职业农民和农村专业技术人才培养，使其成为名副其实的乡村振兴主体，提升农民创造美好生活的自主能力。

① 郭君平、曲颂：《推动乡村人才振兴，让各类人才大展身手》，《湖北日报》2018 年 9 月 8 日。

要创新培养方式方法，改革农村基础教育和学历教育、职业教育模式，大力推行农科教相结合，支持高等学校、职业院校综合利用教育培训资源，灵活设置专业（方向），创新人才培养模式，为乡村振兴培养真正能“留得住、用得上、懂技术、能致富”的大学生、专业技术人才和其他农村实用人才。

知识链接

新型农业经营体系

新型农业经营体系是指大力培育发展新型农业经营主体，逐步形成以家庭承包经营为基础，以专业大户、家庭农场、农民合作社、农业产业化龙头企业为骨干，其他组织形式为补充的新型农业经营体系。构建新型农业经营体系，大力培育专业大户、家庭农场、专业合作社等新型农业经营主体，发展多种形式的农业规模经营和社会化服务，有利于有效化解这些问题和新挑战，保障农业健康发展。

（二）乡村人才培育的实施路径

人才是支撑发展的第一资源，乡村要振兴，必须要培育一支能够支撑乡村发展的人才队伍。乡村人才工作要紧紧坚持围绕主导产业和优势产业发展需求，大力培育新型职业农民，同时，在“引进”“服务”上下足功夫，从吸纳和留住人才两方面来做好乡村人才振兴的文章。

1. 在“引进”上下功夫，夯实基层人才基础

利用农业农村优先发展的各类政策，通过提升待遇和改善工作条件，促使农业科技教育人才进驻并服务农业农村；通过构建优越的创新创业政策环境，吸引城市精英进入农村和外出打工人才返乡创业；通过为各类人才提供良好的事业发展空间和人生价值实现平台，实现乡村发展人力资本的整体提升。

在重大人才引进计划中，为“三农”人才留下席位，以政府宣传本地对“三农”人才的重视和渴求，从而招揽一批高学历高层次的专业人才服务“三农”工作。同时，在进行基层医疗、教育人才引进工作的同时，注重为这类人才提供周到的服务和晋升的空间，正确留住、培养专才，为本地农业农村的社会环境发展筑造了一个良好的生态系统，更好地服务于“三农”及“三农”人才。切实把促进就业、推动创业作为重点工作，全面落实就业创业扶持政策，吸引乡友特别是大学生和乡贤回乡创业。

2. 在“服务”上做文章，助力乡村产业发展

乡村振兴的关键是产业，产业发展的关键在人才，人才工作的重点在于服务。

（1）培育农业人才，注重人才储备　一是积极创新农民培育方式。以现有的新型职业农业培育为基础，想方设法贴近农村、服务领头人，促进职业农民的职业化和专业化程度，让他们真正掌握先进农业的生产方式与农产品的营销手段，提高他们的管理能力。同时带动更多观望者参与到农业生产中来，为农业发展群策群力。加强农民田间学校、农技

站等培训基地建设，充分利用好乡村振兴讲习所，形成以各级农广校为主体，产业分校、乡村振兴讲习所等为补充，农业园区、企业基地和专业合作社为实训教学基地的新型职业农民培育体系。二是着力培养“三农”工作队伍。“三农”工作队伍是农业生产的风向标，农业的发展前景很大程度上受“三农”工作队伍的影响。“三农”工作队伍作风好、业务强，农业的发展就大有可为。因此要把建设好“三农”工作队伍摆在重要位置，扎实做好“大学生村官”“三支一扶”和农技人员的工作，加强对“三支一扶”对象的培养和开展农技人员的深造、交流，打造层次多、结构优、力量强的“三农”工作力量。三是重点培养农村党员队伍。农村党员是农民队伍中的先进分子，从生产力、学习力、实践力、发动力等方面来看，农村党员都是而且应该是发展三农工作的首要力量。要通过集中学习、专业培训、重点培养等多种方式在农村发动党员同志投身农业，引导其为“三农”工作贡献力量。

（2）推广农业科技，注重科技兴农　一是开展农业科技推广工作。通过选派优秀农业科技人员到有需要的乡镇或村（组织）开展对口推广的方式，加大对农业生产的技术指导和服务，同时促进工厂化育秧、机插秧同步精量深施肥、秸秆还田等现代农机技术利用率提高。二是实施科普惠农兴村计划。以科普示范村、示范组织（基地）、示范人等方式组织开展评选表彰，以奖励带动实施，以科普促进发展，促进科技服务“三农”，惠及“三农”。进一步推进“科普宁乡”微信平台和科普e站建设，在农村学校、公共文化服务中心、科普教育基地以及深度贫困乡镇村社等场所部署终端，实现科普文化信息化资源系统集成与精准推送服务全覆盖。

（3）搭建服务平台，注重氛围营造　一是搭建项目对接平台。通过与各部门项目对接，搭建农业企业（公司）种养大户与政府业务科局和部门的对接平台；帮助农企、大户在项目申报、政策扶持等方面提供全方位服务。二是搭建技术信息平台。通过与农业科技研究所、农业学院的合作，搭建农业企业（公司）、种养大户与科研院所专家、教授的求知、求技平台。组织各类人才智力到基层开展咨询、培训、技术指导等服务活动。鼓励高校、科研院所与基层建立长期合作关系，引导建立本土团队合作开展科学研究、技术攻关，促进基层人才团队建设和科研成果转化。三是搭建行业交流平台。组织同行业之间相互交流、相互学习，协同发展的交流合作平台。四是搭建项目融资平台。组织农业企业（公司）、种养大户与银信行业之间进行对接，解决中小型农业企业、种养大户的融资需求，推动农业企业、种养大户有序发展。

（4）推进品牌建设，注重宣传推介　品牌建设是提升农产品价值、促进农业产业发展的重要途径。一是注重推进农产品“三品一标”认证，切实以市场需求为导向，认识到市场对于食品安全与无公害食品的需求，加强对农产品质量安全的重视与管理，提高农产品的安全性与市场对路程度。二是精心培育农业品牌。以培育农业产业化龙头企业、星级农庄为重点，打造优质品牌为方向，在品牌发展方面求得突破。三是加强品牌宣传推介。重视传统媒体和自媒体的广告效应，充分利用农业博览会进行品牌推介。

（5）发掘实用人才，注重文化传承　乡村人才振兴不仅要培育和发展乡村本土的生产型人才，还要发掘并保护乡村工匠、文化能人、非遗传承人等农村各类实用人才和传统文化人才，延续乡土人脉。

（三）乡村人才培育的具体措施

1. 培养本土人才

当前，农村普遍缺少懂三农、懂市场、懂管理且能扎根农村干事创业的实用型人才，导致很多乡村资源没有得到充分利用。在发现和使用农村人才的问题上，眼睛不能只盯着外面的世界，还要善于从脚下的土地上去发现人才，培养“本土能人”。积极培养更多爱农业、懂技术、善经营的新型职业农民。

2. 优化内容、创新方式，提高新型职业农民培育精准度

一要精准遴选培育对象。新型职业农民培育必须准确选择培育对象，进行精准培育，要以县为主，深入开展摸底调查，要根据现代农业发展，推进农业转型升级和实施重大农业综合开发项目工程需要，甄别和遴选具有一定文化基础和科学知识，具有较大培养潜力的农民实施培育。二要科学设置培训内容。扎实做好培训前内容需求调研工作，要根据当地情况推进现代农业发展，满足农业农村现代化发展实际需要，因地制宜科学确定相应的培训内容。三要开展分类培训。一方面，对现有的农业从业人员进行继续教育，不断提升农业生产经营水平；另一方面，对农村中青年劳动力、返乡农民工、未就业大学生、复转军人等有志从事现代农业的人员进行创业技能培训。四要创新培育模式。新型职业农民培育没有也不可能形成统一的模式，必须要因地制宜，根据当地产业特点和实际情况，探索实践适合当地特点的教育培训模式，大力推行农民田间学校，探索菜单式学习、顶岗实训、创业孵化等多种培育方式。五要

完善信息化手段，推进线上线下融合培育。当地政府要充分利用现代信息网络技术，探索开展“互联网 + 培训”模式，大力开展网络培训，为农民提供灵活方便、智能高效的培训模式。

3. 创新机制、多措并举，整合各类资源形成培育合力

当地政府应加强新型职业农民培育机构建设，积极调动和整合各类培育资源，完善新型职业农民教育培训体系。一是综合利用农业科研院所、农业技术推广机构等培训资源，发挥培育主体的作用。二是发展社会化培育机构，鼓励龙头企业、农民合作社等市场主体通过政府服务采购创新和市场化运作参与培育工作。三是积极引导相关企业和农民专业合作组织建立新型职业农民培训实践基地，为培育新型职业农民提供教学观摩和实习实践场所。

4. 规范认定、科学管理，增强新型职业农民管理规范性

一是完善资格认证机制。规范职业农民资格认证的条件、标准、程序、机构和后续管理，分产业制定认证管理办法，建立健全新型职业农民分层登记注册制度和等级考核评定制度，分层进行注册登记和考核评定。二是完善机制，加强动态管理，根据新型职业农民的基本情况、教育培训以及扶持政策等方面的变化情况，对新型职业农民培育信息档案和数据库进行及时更新和动态完善。三是建立健全农业从业资格准入制度，逐步将持有职业农民资格证书作为从事农业职业的基本条件和获得相关政策支持的主要依据。

5. 实现城乡公共服务均等化，聚力打造发展平台

一要增加对农村公共服务的资金支持，基本实现城乡公共服务均等化，使职业农民能够享受与城镇居民基本相同的公共服务。二要加快构建新型农业经营体系，培育壮大农业产业化龙头企业，大力发展农民专业合作社、家庭农场等新型农业经营主体，为职业农民培育和施展搭建平台，使他们在参与中提高、在企业中培育、在产业链中成长、在市场体系中成熟。

6. 采取“一点两线全程分段”方式，分层分类分模块，切实提高培育的针对性、规范性和有效性

探索政企合作模式，采取政府购买服务等方式，支持农民专业合作社、龙头企业、农业职业教育集团承担培育任务。支持新型职业农民采取“弹性学制、农学交替”的方式，接受中高等职业教育。

7. 提升新型职业农民培育条件和能力

统筹利用农广校、涉农院校、农业科研院所、农技推广机构等各类教育培训资源，加快构建“专门机构 + 多方资源 + 市场主体”的农民教育培训体系。充分运用信息化手段，开展在线学习、在线服务和在线考核，实现培育工作线上线下融合发展。继续认定一批全国新型职业农民培育示范基地，加强标准规范、名师队伍、精品课程和教材建设。

专家观点

人才振兴要用好“五种人”

人才振兴是提升农业竞争力和实现农业农村现代化的核心工作，是促进和实现乡村振兴的关键内容。要用好“五种人”，即乡村现有的各类人才、走出去的人才、乡村管理者、乡村新型经营主体带头人、农业行业的工作者，在人才使用的体制机制上向他们倾斜，不断提高并充分保障他们的各项权益。要在社会价值认同的导向上，形成“事农为荣、入乡为耀”的环境氛围，让一切参与“三农”工作的人，尤其是年轻人才感觉到身份的自豪和事业的荣耀，培养好“懂农业、爱农村、爱农民”的“三农”工作队伍。

——华中农业大学经济管理学院副院长、湖北省人文社会科学重点研究基地湖北农村发展研究中心主任　张俊飚

三、创新乡村人才引进机制

创新乡村人才引进，就要积极鼓励各类人才回归乡村。现在的城里人，往上数三代，大都来自农村，只要有机会，很多人都有回报家乡的愿望。要打好“乡情牌”“乡愁牌”，念好“招才经”“引智经”，想方设法创造条件，让农村的机会吸引人、让农村的环境留住人，让乡村的产业留住人，让乡村更有人气。要推动市民下乡、能人回乡、企业兴乡，带动资金、技术和人才进入，要畅通智力、技术、管理下乡通道，引导、

吸引更多的社会各界人才流向乡村。

（一）乡村人才引进的基本原则

当前，快速引进一支规模宏大、结构合理、素质较高、适应现代农业发展要求的“三农”人才队伍，是实施乡村振兴战略的迫切要求。全面建立高等院校、科研院所等事业单位专业技术人员到乡村和企业挂职、兼职和离岗创新创业制度，发挥好各类农业科技人员的作用。吸引支持企业家、党政干部、专家学者、技能人才等通过下乡担任志愿者、投资兴业、包村包项目、捐资捐物等方式，参与到乡村振兴的伟大事业中来。为使人才资源与乡村需求形成良性互动态势，需要坚持两方面的基本原则。

知识链接

打造一支强大的乡村振兴人才队伍

要推动乡村人才振兴，把人力资本开发放在首要位置，强化乡村振兴人才支撑，加快培育新型农业经营主体，让愿意留在乡村、建设家乡的人留得安心，让愿意上山下乡、回报乡村的人更有信心，激励各类人才在农村广阔天地大施所能、大展才华、大显身手，打造一支强大的乡村振兴人才队伍，在乡村形成人才、土地、资金、产业汇聚的良性循环。

——习近平：《参加十三届全国人大一次会议山东代表团审议时的讲话》（2018 年 3 月 8 日）

1. 坚持鼓励外出能人返乡创业

目前，乡村特别是贫困村，大批有文化、懂技术、会经营的农村青壮年劳动力以自发进城务工或经商的方式大量外流，出现农村人口“老龄化”“空心化”现象，致使农村发展中人才短缺的问题日益显现和突出。乡村要振兴，就要改变人才由农村向城市单向流动的局面，让曾经“走出去”的成功人士“走回来”，实现“人才回流”，把在城市里积累的经验、技术以及资金带回本土，造福乡梓里。借血缘、亲缘、地缘纽带，通过搭建感情联络平台，引导扶持在外乡贤、原籍大学生以及优秀外出务工人员回乡创业兴业。坚持以更大的格局和气魄广纳贤才，为乡村人才提供良好的创新创业政策环境、事业发展空间和人生价值实现平台，通过“筑巢引凤”“以情引才”和“以才聚才”，不断增强人才“集聚效应”，促进乡村人力资本整体提升，再造新时代农村人力资源。

2. 坚持合理使用，人尽其才

引进人才作用主要在于推动经济社会的发展，但其前提在于人尽其才，重引进人才，更重用人才。根据需求，将人才与岗位匹配，发挥最佳效果，人尽其才、人事相宜、各得其所，将各类人才用对、用活，激发人才活力和人口红利。

（二）乡村人才引进的实施措施

由于从事农业生产的年轻人很少，农村“空心化”严重，农村人才断档，青黄不接现象凸显。随着农业经济结构的调整，农业产业化和乡村旅游、乡村电商等新业态的发展，日益凸显人才和人力资源的欠缺，急需从事相关农业生产类的人才和相关专业技术人才。由于农村人才管理专业知识的欠缺，农村人才在使用和管理上存在混乱和人才“浪费”现象，致使农村人才工作雪上加霜。

1. 明确乡村振兴的人才需求，让引才更精准

定期评估乡村振兴的人才需求，根据乡村振兴的人才需求，实现精准引才，防止人才支撑“垒大堆”现象的产生；完善人才与项目的相互促进机制，实现“人才 + 项目”和“项目 + 人才”相互促进的引才模式，让乡村振兴的人才引进更好地为乡村振兴的项目服务。[①] 在农村的各类人才中，农民工返乡创业人才极为重要。这些长期在外打拼的农民工，积累了丰富的经验和经济基础，拥有一技之长，他们对家乡有感情，会利用已有的熟人网络，带动亲戚、培育一起创业，帮助父老乡亲脱贫致富。农村大学生返乡创业就业是充实农村高层次人才队伍的新途径。要把促进农民工和农村大学生返乡创业作为吸引人才上山下乡的关键和突破口，带动和促进其他城市人才的“上山下乡”。要落实支持农民工等人员返乡创业的有关扶持政策，把农村大学生返乡创业纳入支持范围，在行业准入、行政审批、税费减免、综合服务等方面给予支持。研究制定管理方法，允许符合要求的公职人员回乡任职，打通公职人员回乡任职的通道。加快制定、鼓励、引导工商资本参与乡村振兴的指导意见，既要完善融资贷款、配套设施建设补助、税费减免、用地等扶持政策，又要明确政策边界，保护好农民利益。

---

① 柯新利：《让各类人才在农村广阔天地大显身手》，《湖北日报》2018 年 8 月 20 日。

2. 做好乡村振兴人才引进的总体设计，实现人才引进的系统性

根据乡村振兴人才需求的评估结果，做好乡村振兴人才引进的顶层设计，以系统的方式考虑乡村振兴的人才引进工作，防止人才的重复引进和碎片化引进。统筹整合各方面的资源与政策，吸引高水平的人才团队和领军人才投身乡村振兴中，充分发挥人才团队的整体效能。①

3. 构建促进人才向乡村流动的激励机制

坚持政府引导与市场机制相结合，从政治、经济、生活、事业等方面入手，建立有针对性的晋升激励、待遇激励、生活激励、事业激励制度，引导各类人才向往乡村一线、争到乡村一线、在乡村一线建功立业。实施灵活的乡村人才引用办法，采取户口不迁、身份保留、来去自由的灵活机制，变户籍管理为身份管理。积极推进乡村教师“县管校聘”“三支一扶”、特聘教师计划等，组织实施高校毕业生基层成长计划。

4. 处理好刚性引进和柔性引进的关系，处理好人才资源与乡村需求的良性互动

注重柔性引才，采取挂职、兼职、担任荣誉职务等柔性引才方式，集中引进一批乡村规划师、科技带头人、职业经理人、品牌运营师、“乡村工匠”等急需紧缺人才。刚性引才和柔性引才并重，用刚性引才的方式为乡村振兴积累基础的人才队伍，用柔性引才的方式促进乡村振兴高水平人才队伍的建设。②

---

①②柯新利：《让各类人才在农村广阔天地大显身手》，《湖北日报》2018 年 8 月 20 日。

典型案例

广东汕头启动乡土人才培育工程
把人才引向乡村振兴一线

人才是乡村振兴的第一资源。纵观汕头市当前乡村工作可以发现，人才仍是乡村振兴的短板之一。农村人力资源流失严重、乡土人才缺乏、基层干部队伍青黄不接等问题依然较为突出，农业农村工作力量相对薄弱，与乡村振兴的内在需求存在较大差距。

如何破解人才紧缺对实施乡村振兴战略的制约？对此，汕头市精心谋划并启动实施“千百十”乡土人才培育工程，着力培养一批农村生产经营服务能手，为实施乡村振兴战略提供人才支撑。

“千百十”乡土人才培育工程，包括千名乡土人才进党校培训、市管百名乡土人才选拔培养以及编写十个系列乡土人才培训教材，引导党员干部向农村一线流动，调动一切社会资源向农村倾斜，以人才资源推动创建全国文明城市提质升级向农村延伸。为构建汕头市乡土人才常态化培训机制，汕头市还将乡土人才培训工作纳入全市干部教育培训体系。

培养一批懂农业、爱农村、爱农民的乡土人才

近年来，汕头市委、市政府把乡村振兴作为全市工作的重中之重，先后开展“百村示范、千村整治”美丽乡村建设行动、“千企帮千村”行动，实施“千名干部驻村强基促振兴”“千个机关支部联村共建”党建工程。

此次启动“千百十”乡土人才培育工程，同样体现了汕头市委、市政府对乡村振兴工作的重视。汕头市委副书记钟挥锷在启动仪式上强调，各级各部门要把乡村人才振兴放在乡村振兴的重要位置，认真落实中央、省委、市委的部署要求，以实施“千百十”乡土人才培育工程为抓手，积极用好省、市奖补扶持政策，大力培养一批懂农业、爱农村、爱农民的乡土人才，推动实现乡村全面振兴，助力汕头加快打造省域副中心城市和现代化沿海经济带重要发展极。

“实施‘千百十’乡土人才培育工程，既体现了市委、市政府对乡土人才的高度重视，也对新时代汕头市乡土人才队伍建设提出了新的要求。”汕头市人社局局长马翔表示，推进乡土人才队伍建设，人社部门负有重要责任，将充分发挥人社部门职责，通过政策引领、平台搭建、机制创新，做好人才的挖掘、培养和使用工作，助推汕头市乡土人才队伍提质增量。

“培训＋选拔”为乡土人才“提质增量”

2019 年 4 月 22 日上午，“2019 年汕头市乡土人才专题研讨班”第 1 期培训班在市委党校开班，由省委农办秘书处副调研员程新清主讲，解读中央一号文件及农业生产等政策精神。103 名来自汕头全市各地各领域的基层人才参加培训，学期三天。

记者了解到，首批参训人员中有将近一半具有高校毕业学历，其中，学历最高的是一名海归女硕士，另外本科 16 人、大专 32 人。从年龄结构上来看，主要集中在中青一代，其中 70 后 30 人、80 后 36 人、90 后 16 人。

据悉，到 2019 年 5 月底前，汕头市将连续举办 10 期，集中轮训1000名农技推广、种养殖、电子商务、休闲农业、乡村旅游、农村医疗、乡村文化等领域乡土人才，每期培训100人左右。此次千名乡土人才进党校培训活动纳入汕头市委党校主体班次。

在集中轮训的基础上，汕头市将加大乡土人才培养力度，实施市管百名乡土人才选拔培养工程，并将其纳入市级人才项目管理，9月底前将完成选拔工作。

汕头市计划在农技推广、种养殖、电子商务、休闲农业、乡村旅游、农村医疗、乡村文化以及非物质文化遗产传承等领域，遴选100名乡土人才作为市纳管人才进行重点培养管理，培养期两年，每年提供生活补贴2万元，着力培养一批能够带领农民发家致富和农业科技创新的优秀乡土人才。

对此，汕头市农业农村局局长谢宋彪表示，汕头市2019年、2020年两年，计划培育1500名以上新型职业农民和一批新型农业经营主体。重点扶持一批农业职业经理人、乡村工匠、文化能人、非遗传承人、“田秀才”，扶持壮大家庭农场、农村合作社、龙头企业等新型经营主体，激发多种主体活力，带动农户致富奔康，推动传统农业转型升级，打造新产业新业态，为农业现代化发展提供人才支撑。

整合科教研力量编写培训教材

针对乡土人才培训教材缺乏的现象，汕头市还将整合农村农业、人社、文化广电旅游体育、商务、住建、卫健、团委、科协等市直部门，汕头职业技术学院、粤东技师学院、汕头技师学院等职业院校，市科协各协会和科研机构力量，突出实用性和汕头特色，组织专家编写潮菜师傅、乡村旅游、全科医生、农村电商、潮汕非遗、潮汕建筑、农村种养、农村文化、玩具工艺、海洋养殖十个系列乡土人才培训教材，分专业每年委托汕头职业技术学院、粤东技师学院、汕头技师学院等职业院校开展实用技能培训，培养一批新型职业农民、乡村工匠、非遗传承人、工艺能人。

粤东技师学院副院长柏雪梅表示，学院将充分发挥校企合作资源，深入行业企业调研，了解目前汕头乡村旅游、接待、民宿管理、人才培养等方面的存在问题，以及急需的人才类型和要求，着力开发更接地气的培训教材。同时，认真梳理汕头乡村旅游资源现状，科学设置培训课程，甄选社会效益经济效益俱佳的优质乡村旅游资源作为教学实训点，切实抓好乡土人才培训。

应大力支持符合政策扶持的人才

汕头市“千百十”乡土人才培育工程由汕头市委组织部牵头，联合本市农业农村局、市委党校组织实施。活动是通过组织千名乡土人才进党校培训、选拔培养市管百名乡土人才、编写十个系列乡土人才培训教材等形式，在汕头市集中培训 1000 名农技推广、种养殖、电子商务、休闲农业、乡村旅游、农村医疗、乡村文化等领域乡土人才；遴选 100 名乡土人才作为市纳管人才进行重点培养管理，带领农民发家致富和农业科技创新；同时，整合本市各界科研力量，组织编写潮菜师傅、乡村旅游、全科医生、农村电商、潮汕非遗、潮汕建筑、农村种养、农村文化、玩具工艺、海洋养殖等十个系列乡土人才培训教材，汕头市委组织部委托汕职院、粤东技师学院、汕头技师学院，分专业每年开展实用技能培训，为本市实施乡村振兴战略提供人才支撑。

2019 年 4 月 22 日至 24 日，汕头市“千百十”乡土人才培育工程第 1 期培训班在汕头市委党校开班。记者从首期参加培训的 103 人中发现，最高学历者海归女硕士（英国留学）、汕头经济特区澳士兰牧场有限公司总经理杨燕卿在列。此次参加培训，她有什么心得体会呢？

“企业要发展，就要多了解最新政策和发展方向，适应新时代发展要求，才能不断做大做强，创造更多的经济效益和社会效益。”杨燕卿告诉记者，在培训课上，专家深入解读 2019 年中央一号文件，普及国家“三农”政策，分析现代农业发展趋势，让她获益匪浅。

当前，我国经济由高速增长阶段转向高质量发展阶段，对企业发展提出了新的要求。“农业企业也要转型升级，一方面通过升级种植技术改良农产品，提高经济效益；另一方面按照新要求补齐环保配套设施，践行绿色发展理念。”

谈及如何发挥人才对乡村振兴的支撑作用时，杨燕卿从政策扶持的角度表达了她的看法：“对于一些优秀人才，特别是符合政策扶持的对象，政府及相关部门要尽可能地给予大力支持，这样有助于发挥更多人才带动作用。”

她认为，新的政策出台后，相关部门更要学习理解透相关精神，通过积极主动作为，真正使政策落地落实。“有些人从网上了解到政府出台了新的扶持政策，自己对照相关标准也达标了，但去找相关部门落实时，可能并不容易。如果单靠个人去做这些投入的话，会耗费很多时间精力，且事倍功半。”

作为粤东唯一一家乳制品企业的总经理，杨燕卿表示，该公司正在进一步深化一二三产业融合发展，将为当地群众提供更多非技术工作岗位。“随着社会越进步，就会有越多的人对牛奶品质有更加科学的认识。目前公司发展前景很好，我们将继续做大做强企业，争取发挥更大的经济效益和社会效益，为实施乡村振兴战略作更多的贡献。”

（《南方日报》2019 年 4 月 25 日）

四、创新乡村人才使用机制

（一）创新乡村人才使用的主要原则

创新乡村人才使用机制，构建人尽其才的使用机制，用好用活乡村人才，是乡村人才振兴的最有效方式。以“不拘一格、聚天下英才而用之”的胸襟，破除论资排辈、求全责备等各种陈旧观念和条条框框的束缚，建立以竞争择优为主导的人才选拔任用机制和以一流业绩、一流回报为主导的人才激励机制，让畏首畏尾、瞻前顾后、思想僵化的人让位，让想干事的人有机会、能干事的人有平台、干成事的人有地位。

（二）乡村人才使用的实施路径

推动乡村人才振兴，需要坚持政府引导与市场推动相结合，人才服务与智力服务相结合的原则，构建内生性与强制性相结合的制度体系，探索人才服务乡村的多元模式，构建系统有效机制。

1. 用好乡村的各类人才

要帮助新型职业农民在市场经济的大潮中经风雨见世面，成长为乡村经济发展的主力军。对经营管理、专业技术水平高、带动农民群众脱贫致富的能力强、贡献突出的人，可以破格晋升和评定相应的技术职称。注重从优秀农村人才中发展共产党员，并作为村级后备干部的培育对象，有计划地推选优秀人才进入村级班子。对发展农村经济作出突出贡献的各类人才，给予精神和物质奖励，并在农业开发项目、农业贷款、技术资料和生产物资等方面优先支持。

2. 全面建立城市人才定期服务乡村机制

要建立健全职称评定、职务晋升、人才培养使用等方面的政策，形成正向激励机制，引导城市各类人才为乡村振兴贡献力量。把乡村振兴的实践作为展示干部能力最好的舞台，让年轻干部成为乡村振兴的“领头雁”，让基层成为年轻干部成长的“沃土”。全面建立城市医生教师、科技文化人员等定期服务乡村的机制，研究、制定、鼓励城市专业人才参与乡村振兴的政策，营造热爱基层、扎根基层、奉献基层的良好氛围。

3. 建立县域专业人才统筹使用制度

在县域范围内，各类专业人才城乡分布极为不均，高素质人才大多集中在县城。要建立县域专业人才统筹使用制度，特别是要推进县域教师、医生等专业人才的统筹使用，加强服务管理和机制建设，有效解决乡村专业人才数量不足、素质不高、结构不优等问题。

4. 构建人才服务乡村的分类激励机制

除支持市场主体下乡回乡创业外，应制定规定性、激励性、考核性措施相结合的鼓励专业人才、党政人才下乡服务的政策，对于企事业单位专业人才下乡服务，与职称评定、工资、津补贴、社会保障等相挂钩，支持离岗创业、兼职兼薪；对于党政干部、公职人员下乡任职，与干部交流、职务晋升、工资套改、体检休假等相挂钩，尤其注重提拔在基层一线和困难艰苦地区锻炼成长的干部。按照不求所有、但求所用的原则，引导智力下乡，鼓励各类企事业单位和社会各界人才为乡村发展提供有针对性的技术服务、培训服务、咨询服务、产品流通服务等。政府应根据不同服务主体及其服务方式、服务成效实行不同的激励政策。

（三）乡村人才使用的具体措施

1. 乡村振兴，必须多措并举激发人才活力

激发人才活力要在体制和机制上寻求突破，深刻探寻现有体制和机制中的不足并坚决破除，做到兴利除弊；激发人才活力要在文化氛围的构建和人文关怀上做足文章，使人才的价值定位、理念思想、工作动力凝聚在一起，形成推进乡村振兴战略的合力；激发人才活力要在对人才的人文关怀上用心筹划，用真心为人才解决生活、工作、家庭各方面的后顾之忧，使人才真正能够感受到温暖。只有充分激发活力，才能切实为新时代“三农”工作寻求创新发展，并进一步为决胜全面建成小康社会助力添彩。

2. 创新农村人才服务机制

人才服务创新是市场竞争的内在要求，是乡村人才振兴的关键一招。

新形势下，增强人才服务意识、更新服务方式、优化服务模式、丰富服务内容、提高服务质量势在必行，各地应以更加开放的态度、灵活的政策以及精细的服务为人才营造良好的创新创业环境。要根据人才类型、层次、需求多样性等特点，不断改进基层人才的服务工作，提高针对性和有效性，解除人才发展后顾之忧，促其甩开膀子大干、迈开步子快干、俯下身子实干。

3. 创新农村人才评价机制

推进农业农村人才分类评价机制和方式方法改革，对于树立正确用人导向、激励引导人才下乡返乡、调动人才创新创业积极性、加快实施人才强村战略具有重要作用。现阶段，随着乡村振兴战略的稳步推进，农村人才发展环境发生巨大改变，为适应新形势新变化，各地应坚持常规评价与专项评价相结合，以新的理念构建“事农为荣、入乡为耀”的人才评价机制和评价标准体系，充分发挥人才评价的指挥棒作用。

延伸阅读

1. 中共中央党史和文献研究院：《习近平关于“三农”工作论述摘编》，中央文献出版社 2019 年版。

2. 刘奇：《乡村振兴，三农走进新时代》，中国发展出版社 2019 年版。

3. 姜长云：《乡村振兴战略：理论、政策和规划研究》，中国财政经济出版社 2018 年版。

深度思考

1. 要把乡村振兴战略进一步推向深入，需要我们扶持培养一大批乡村工匠，进一步弘扬精益求精的“工匠精神”。培养乡村工匠人才对乡村振兴具有何种意义？这对乡村人才培育提出什么要求？

2. 打破时空限制的互联网技术为资源薄弱的农村地区带来了新的希望，请思考，如何借助信息化手段，实现“互联网 + 乡村人才培育”？

3. 乡村人才培育使用引进需要营造重视乡土人才、尊重乡土人才的浓厚氛围，进一步调动和鼓励更多“田秀才”“土专家”“致富能手”等主动将自身看家本领转变为推动一方发展的动力。请思考，以人才培养人才、以人才吸引人才的具体措施有哪些？

第十章

人才振兴经典案例解读

一、招来“归乡雁”育出“田秀才”——乡村人才振兴的山东实践

为深入贯彻落实习近平总书记关于推进乡村人才振兴的重要指示精神，培养一支懂农业、爱农村、爱农民的乡村振兴人才队伍，2018 年以来，山东省人社厅聚焦乡村人才引得来、留得住、用得好等方面，深入开展调查研究，结合南方考察学习成果的转化，不断解放思想、更新观念，坚决破除各种陈旧观念，打破各种条条框框，研究制定了山东省人社厅《推进乡村人才振兴若干措施》。为确保《推进乡村人才振兴若干措施》各项任务的落实、落地，又制定了《贯彻落实〈推进乡村人才振兴若干措施〉分工方案》。这是贯彻落实习近平总书记重要指示精神，打造乡村振兴“齐鲁样板”的具体实践，也是推动山东省高质量发展的重要抉择，是对标学习“苏浙粤”先进经验的必然要求。本节以山东省推进人才振兴的若干措施为例，深入解读人才振兴的要领，从多方面解构乡村人才振兴的实质。

（一）创新乡村人才引进机制，做大人才增量

针对山东省乡村人才总量不足、人才结构不合理、创新创业能力不

强等突出问题，聚焦农村乡土人才、新型职业农民、农村创新创业人才、返乡下乡人才等，开展“雁归兴乡”返乡创业推进行动，招募“乡村振兴合伙人”，实施高校毕业生基层成长计划，畅通各界人士报效乡梓的渠道，推动高层次人才“上山下乡”等措施为乡村振兴广纳人才。[①]

1. 开展“雁归兴乡”返乡创业推进行动

总结乡村振兴中返乡创业的成功案例，建立外出务工经商人员信息库，支持设立返乡创业工作站，向有一定经济实力和发展潜力的农民工成功创业人士，推荐乡村发展项目，提供全方位创业政策支持。开展返乡农民工乡村旅游、农产品加工、网络创业、电子商务等特色创业培训，引导他们回报家乡、投资家乡、发展家乡。

2. 招募“乡村振兴合伙人”

在现代生态农业、乡村旅游等方面开展全方位、多形式的合作，推动农村农业投资和科技成果转化。允许“合伙人”通过合同约定，享有乡村项目开发等优先权，享受就业创业优惠政策，并在人才工程项目评选等方面给予适度的倾斜。

3. 实施高校毕业生基层成长计划

每年遴选 3000 人纳入高校毕业生基层成长计划后备人才库，县（市、区）要确保每年每个乡镇不少于 2 个岗位用于高校毕业生“三支一扶”计划。[②]

①②张春晓：《招来“归乡雁”育出“田秀才”》，《大众日报》2018 年 9 月 12 日。

4. 畅通各界人士报效乡梓的渠道

鼓励支持企业家、创业者或者农村老党员、老干部等，积极为家乡发展献计献策、贡献力量，引导原籍企业家、专家学者、人大代表、政协委员、经济文化能人等群体，以投资兴业、援建项目、助学助教、捐资捐物、法律服务等多种方式反哺故里、报效乡梓。

5. 推动高层次人才“上山下乡”

每年分级组织不少于 10000 人次的各类人才到基层服务，服务期限视为基层工作经历；到 2022 年，山东省建成 50 家左右省级乡村振兴专家服务基地，柔性引进 2000 名以上各类急需紧缺人才，推动 200 个以上项目在基地落地。①

（二）创新乡土人才培育机制，做优人才存量

建立健全乡土人才发现和培养机制，研究制定乡土人才培养培训政策，分级分类开展乡土人才教育和技能培训。重点实施三个“百万计划”：百万新型农民技能提升计划、百万乡土人才培育示范计划、百万乡村人才定向培养计划。

1. 实施百万新型农民技能提升计划

将新型农民技能提升计划纳入山东省提高就业创业能力培训、新型职业农民培训、农村实用人才培训、雨露计划等培训计划，充分运用田间课堂、农民夜校、网上教学等形式，发挥各级各类创业大学、就业培训机构、创业孵化基地、农广校、农村电商基地等平台作用，五年

① 张春晓：《招来“归乡雁”育出“田秀才”》，《大众日报》2018 年 9 月 12 日。

（2018—2022）分级分类培训 400 万人次，按规定给予培训补贴。[①]

2. 实施百万乡土人才培育示范计划

将乡土人才纳入专业技术人才知识更新培训工程，通过远程教育、集中培训等多种教育培训方式，促进乡土人才知识更新和能力提升。组织基层人才挂职研修，每年选拔 160 名基层人才到省内高校、科研院所、文化单位、医疗机构访学研修。制定齐鲁乡村传统技艺技能保护计划，编制民间技能人才目录，每年建设 15 个齐鲁乡村特色技能大师工作室，每个工作室由所在市县财政给予适当支持，到 2022 年培育 150 名传统特色工艺传承技能大师。鼓励有条件的市积极争取财政支持，开发具有齐鲁乡村特色的职业农民专项职业能力培训包。

3. 实施百万乡村人才定向培养计划

以乡土人才定向培养，推进高职和技工院校规划建设涉农学科专业设立或开设特色工艺班次，采取委托培养、订单培养或者定向就业、专项奖学金等方式，应用长短结合，弹性学制、“半农半读”等形式，开展乡土人才专业教育和专项技能培训，提高职业农民教育培训专业化、标准化水平。山东省重点技工院校每年培养培训不少于 10 万人次。

（三）创新乡土人才评价与人事管理机制，激发人才动力

1. 建立职业农民职称制度

研究制定符合职业农民特点的职称标准条件和评审程序。职业农民参加职称评审不受学历、所学专业等限制，重点考察业绩贡献、经济社

① 张春晓：《招来“归乡雁”育出“田秀才”》，《大众日报》2018 年 9 月 12 日。

会效益和示范带动作用。对获得职称的职业农民，优先提供信息技术、融资支持、产品推介服务，优先安排学习培训，优先获得财政资金支持项目、政策补贴等。

2. 建立乡土人才技能等级评价制度

探索制定乡土人才技能评价地方标准，组织开展乡土人才专项能力认定，做好职业农民职业资格认定工作。

3. 建立乡土人才以赛代评机制

鼓励支持山东省各地开展乡土人才创新创业大赛和传统技艺技能大赛，获得优异成绩的选手直接认定技师、高级技师等技能资格。每三年举办一次全省乡土人才传统技艺技能大赛，对前十名获得者授予“山东省乡村传统技艺技能大师”称号，并给予奖励。[1]

4. 建立“定向评价、定向使用”的基层高级专业技术职称评审管理制度

将“定向评价、定向使用”制度扩大到基层所有职称系列，基层职称系列均可设置到正高级。取得基层职称人员在乡镇事业单位岗位聘用时，与取得全省统一职称人员同等对待。实行乡镇专业技术人才直评直聘政策，乡镇专业技术岗位工作人员申报评审职称，可不受所学专业限制。创新乡镇事业单位人才招聘方式，建立县域统筹的岗位管理使用制度。

---

① 张春晓：《招来“归乡雁”育出“田秀才”》，《大众日报》2018 年 9 月 12 日。

（四）创新乡村人才服务保障机制，营造良好环境

1. 全面落实乡镇工作人员待遇保障

落实国家和省各项工资福利政策，统筹考虑县乡人员待遇政策和标准，有条件的地方可以县（市、区）为单位进一步提高乡镇工作补贴标准，确保乡镇工作人员收入不低于县直机关同职级人员水平。

2. 支持乡镇专业技术人员离岗或在职创业

乡镇事业单位专业技术人员离岗或在职领办或创办企业的，享受《关于支持和鼓励事业单位专业技术人员创新创业的实施意见》规定的政策，纳入一次性创业补贴支持范围。

3. 加大乡村人才薪酬激励力度，激励乡村人才干事创业

乡镇事业单位对聘用的高层次人才，可采用协议工资、项目工资、年薪制等方式，所需经费在绩效工资总量内单列，相应增加单位当年绩效工资总量。乡镇事业单位专业技术人员通过兼职方式，为农户、合作社等提供增值服务合理取酬，所得收入不纳入本单位绩效工资管理。

4. 组织开展“十强百优”选树活动

对带领农民群众共同致富，推动乡村振兴作出突出贡献的乡村人才，给予表扬奖励。评选为“十强百优”的优秀乡村人才在国家和省级人才工程项目申报等方面给予倾斜。

5. 完善乡村社会保险制度

引导、帮助家庭农场、专业合作社等新型经济组织和乡村企业规范

劳动关系，依法订立劳动合同，参加企业职工基本养老、职工基本医疗、失业、工伤和生育保险，促进劳动关系和谐稳定。支持乡村医生按规定参加当地企业职工基本养老保险，引导乡村自由职业者、没有劳动关系的职业农民按照灵活就业人员参保办法，参加职工基本养老保险、职工基本医疗保险。

6. 开辟乡村人才服务绿色通道

全面落实服务专员制度，为服务乡村振兴的高层次人才，提供政策咨询、职称申报、项目申报、融资对接、业务办理等“一对一”代办服务。

典型案例

诸城市三项举措推动乡村人才振兴

近年来，山东省诸城市立足当地实际，着力加大乡村人才培育、引进、激励力度，为乡村振兴战略实施提供人才支撑。

精准培育“本土人才”。大力培育新型职业农民，依托农村社区学院和镇街分院、农村社区教学站等，每年选派400名农民开展农业生产服务、农产品市场营销等全产业链培训。开展“农业科技示范户培训工程”，遴选2000多个科技示范户进行技术扶持，80名农业技术指导员精心开展指导。注重培育农村经营管理人员，实施“百名家庭农场主素质提升工程”，对100名家庭农场主进行为期3年的专题培训。建立潍坊创业大学诸城分校和2

处农民创业实训基地，为初创小微企业创业者、大学生、返乡农民工等搭建创业平台。实施“大篷车下乡”“田间课堂”等特色培训项目，2018年已培训创业农民182人。

大力引进“外部智力”。推进“校地合作”，与农业农村部规划设计研究院共建诸城研究中心，与山东农业大学、青岛农业大学、山东农科院等签订农业科技合作协议，助力涉农企业引进高端人才。开展招院引所，建立农业领域院所分支机构33家，院士工作站4家、博士后科研工作站3家。市财政投资1亿元建成国家级农林科技孵化器，通过与专家签订技术合作合同、挂职涉农单位副职等形式开展深度合作，推动科技成果有效转化，实现农业增产增收。

注重激发人才活力。加强政治激励和人文关怀，及时把政治素质好、群众认可度高、懂经营管理的乡土人才作为党员发展对象和村级后备干部重点培养。加大表彰、奖励倾斜力度，对有突出贡献的农业领域人才优先授予“龙城英才”、诸城乡村之星等荣誉称号，并优先推荐申报“鸢都产业领军人才”和省、市乡村之星。目前，有6名乡土人才入选省级乡村之星，3名乡土人才入选“鸢都产业领军人才”，4人获评“龙城英才”。

（潍坊组织工作网2018年8月28日）

二、浙江发展的最大优势在人才——乡村人才振兴的浙江经验

浙江，是习近平总书记“三农”思想的重要萌发地、中国美丽乡村建设的重要发源地。在浙江，乡村不再是只有老人和孩子的“空心村”，而是“绿水青山就是金山银山”，是看得见乡愁的地方，是一片叶子富了一方百姓的地方。近几年来，浙江省有大批人才投身于美丽乡村建设，实现了传统农业发展与现代企业经营理念的融合，创造了多种乡村振兴的新模式、新经验、新典型。乡村振兴，首先是人才的振兴。围绕实施乡村振兴战略，浙江省出台了《全面实施乡村振兴战略高水平推进农业农村现代化行动计划（2018—2022年）》，深入推进创新强省、人才强省在乡村的落地，推动乡村人才振兴，把科技创新作为第一动力，把人力资本开发放在首要位置，强化乡村振兴科技支撑、人才支撑，着力构建新型农业科技创新体系，加快完善农村人才培育体系，畅通智力、技术、资金、管理下乡通道，激发农业农村创业创新活力。

（一）支持农业农村科技人员创业创新

加快推进农业农村科技人员创业创新试点建设。全面建立高等学校、科研院所等事业单位科研人员到乡村和企业挂职、兼职和离岗创新创业制度，保障其在职称评聘、工资福利、社会保障等方面的权益。建立以知识产权和服务业绩为导向的分配激励机制，提高科研人员科技成果转化收益比例。完善科技特派员制度，建设100个以上省级以上农业“星创天地”。

知识链接

乡村振兴道路

习近平总书记在2017年中央农村工作会议上，对实施乡村振兴战略作了深刻阐述，提出要走中国特色社会主义乡村振兴道路，并概括归纳了“七个之路”：必须重塑城乡关系，走城乡融合发展之路；必须巩固和完善农村基本经营制度，走共同富裕之路；必须深化农业供给侧结构性改革，走质量兴农之路；必须坚持人与自然和谐共生，走乡村绿色发展之路；必须传承发展提升农耕文明，走乡村文化兴盛之路；必须创新乡村治理体系，走乡村善治之路；必须打好精准脱贫攻坚战，走中国特色减贫之路。这“七个之路”揭示了实施乡村振兴战略的重大任务和内在规律，指明了实施乡村振兴战略的目标路径和努力方向。

（二）加强乡村振兴人才培养

深入推进千万农民素质提升工程，实施百万农村实用人才培养计划、乡村振兴领军人才培养计划，统筹加强农村管理人才、创业人才、服务人才等专业人才队伍建设，浙江省农村实用人才总量达到110万人以上。实施新型职业农民培育工程，突出“学历＋技能＋创业”导向，支持新型职业农民通过弹性学制参加中高等农业职业教育，探索培养农民研究生，培育新型职业农民20万人。完善乡土人才扶持政策，培养一批农业职业经理人、经纪人、乡村工匠、文化能人、非遗传承人等。支持浙江大学、浙江农林大学等高等学校和职业学校科学调整增设涉农专业，扩大涉农人才培养规模，参与新型职业农民培养培训。办好省农民大学、市农民学院、县农民学校和实训基地，充分发挥乡镇成人学校、农广校作用，组建浙江农艺师学院、浙江茶业学院，搭建农业继续教育和职业教育公益性教育服务平台，开展职业农民职称评定试点。

（三）引导各类人才向农业农村集聚

加强招才引智，促进各类人才投身乡村振兴。完善城乡、区域、校地之间人才培养合作交流机制，建立医生、教师、科技人员、文化人员等定期服务乡村机制。制定鼓励引导工商资本参与乡村振兴的指导意见，落实和完善融资贷款、配套设施建设补助、税费减免、用地等扶持政策，明确政策边界，探索建立资格准入制度、项目联评联审制度，保护好农民利益。实施农村归雁计划，吸引高校毕业生、农民工、退役士兵等返乡下乡创业创新。推进民兵后备力量服务乡村振兴。强化县级政府主体责任，完善对返乡下乡人员创业补贴、融资、场地、培训等扶持政策。返乡下乡创业人员可在创业地享受与当地劳动者同等的创业扶持政策，并按规定纳入就业援助、社会保险和救助体系，首次创业、正常经营一年以上的返乡创业农民工纳入一次性创业补贴支持范围。鼓励设立农村人才发展基金。发挥工会、共青团、妇联、科协、残联等群团组织和农合联、行业协会等社会组织的优势和力量，实施乡村振兴“巾帼行动”，发挥各民主党派、工商联、无党派人士等的积极作用，支持乡村振兴。制定管理办法，允许符合要求的公职人员回乡任职。制定鼓励城市专业人才参与乡村振兴的政策。

（四）加强“三农”工作干部队伍建设

坚持严管与厚爱结合、约束与激励并重，加强“三农”工作干部队伍的培养、配备、管理、使用，推动农村工作干部真正深入群众、真心依靠群众、真情关爱群众、真诚服务群众，锻造一支懂农业、爱农村、爱农民的“三农”工作队伍。各级党委和政府主要领导干部要懂“三农”工作、会抓“三农”工作，分管领导要真正成为“三农”工作的行家里手。开展“不忘初心、牢记使命”主题教育，推进“两学一做”学习教育常态化制度化，大力弘扬红船精神和浙江精神，不断提高“三农”干部综合素质。制定实施“三农”干部培训计划，全面提升各级干部特别是领导干部做好“三农”工作的能力和水平。推进乡镇干部队伍专业化，提高乡村干部本土化率。把到农村一线锻炼作为培养干部的重要途径，加强从政治上、工作上、生活上关心关爱，形成人才向农村基层一线流动的用人导向。

延伸阅读

1.《中共中央 国务院关于坚持农业农村优先发展做好“三农”工作的若干意见》，《人民日报》2019年2月20日。

2. 中共中央党史和文献研究院、中央“不忘初心、牢记使命”主题教育领导小组办公室：《习近平关于“不忘初心、牢记使命”论述摘编》，党建读物出版社、中央文献出版社2019年版。

3.《乡村振兴战略实践读本》，中国农业出版社2018年版。

深度思考

1. 人才评价工作是发现人才、集聚人才、激励人才、用好人才的重要基础和手段。破解乡村人才瓶颈，必须创新人才评价机制，激发人才活力，增强人才动力。那么，如何创新乡村人才评价机制，激发人才活力?

2. 火车跑得快，全靠车头带。为了留住“领头雁”和优秀人才，如何才能打破学历职称界限，将更多有特殊才能且对乡村振兴有贡献的“三农”人才纳入高层次人才分类认定范围，营造人才成长和发挥作用的良好氛围?

3. 2019 年中央一号文件提出要抓紧出台培养懂农业、爱农村、爱农民“三农”工作队伍的政策意见。应如何培养一支懂农业、爱农村、爱农民“三农”工作队伍?

后 记

本书的总体设计与书稿的编写、审稿、定稿工作由我负责，参加本书撰写的还有庞嘉萍、安娜同志。具体撰稿分工如下：前言、第一章、第十章、后记由我撰写；第二章、第三章、第四章、第五章由庞嘉萍同志撰写；第六章、第七章、第八章、第九章由安娜同志撰写。在此基础上，编写组进行了多次集中讨论和修改完善。

本书在编写过程中，得到了中央党史和文献研究院、中国社会科学院、山东省宣传部、山东省人力资源和社会保障厅、山东省教育科学研究院、山东管理学院等单位同志以及专家学者的大力支持和帮助。山东管理学院党委书记冯庆禄同志对本书的写作提出了宝贵意见。中原农民出版社编辑为本书稿的出版付出了辛勤劳动。在此，一并表示感谢。

本书编写历时三个月，由于时间仓促、水平有限，书中难免存在不足之处。在此，真诚地希望广大读者及专家学者提出宝贵意见，共同推动乡村振兴战略的实施。

编著者

2019 年 9 月